Zu diesem Buch

Paul Veyne, Althistoriker am Collège de France, entwirft hier sein Programm für eine »andere Geschichtsschreibung«. Jenseits der Frontstellungen zwischen Ereignis- und Strukturgeschichte weist er der Geschichtsschreibung neue Wege. Ihm geht es darum, die scheinbaren Gegensätze zwischen singulären Individuen und generalisierbaren Strukturen zu überwinden, um das Fremde und Eigenwillige vergangener Kulturen sichtbar zu machen. Nur wenn das Allgemeine und das Besondere in einem sich wechselseitig bedingenden Zusammenhang gesehen werden, vermag der Historiker die Originalität des Unbekannten offenzulegen. Wie aufschlußreich dieser Balanceakt des Historikers sein kann, beweist Veyne mit einer Studie über den Sklaven Trimalchion. In dieser höchst anschaulichen Untersuchung eines Einzelschicksals werden die herkömmlichen Überlegungen zur römischen Gesellschaft im 1. Jahrhundert nach Christus kritisch befragt und in eine neue Bestimmung der Historiographie umgemünzt.

Der Autor

Paul Veyne, 1930 geboren, studierte an der Ecole Normale Superieur und lehrt seit 1976 römische Geschichte am Collège de France in Paris. Er veröffentlichte zahlreiche Untersuchungen zur römischen Geschichte und zur Geschichtstheorie, u. a. »Der Eisberg der Geschichte. Foucault revolloniert die Geschichte« (1981), »Glaubten die Griechen an ihre Mythen« (1987) und »Brot und Spiele« (1988).

PAUL VEYNE

Die Originalität des Unbekannten

Für eine andere Geschichtsschreibung

Aus dem Französischen
von Friedel Weinert

FISCHER TASCHENBUCH VERLAG

FISCHER WISSENSCHAFT

Deutsche Erstausgabe
Veröffentlicht im Fischer Taschenbuch Verlag GmbH
Frankfurt am Main, Oktober 1988

Titel der französischen Originalausgabe:
L'Inventaire des différences
© Editions du Seuil, 1976
Vie de Trimalcion
© Paul Veyne, 1961
Für die deutsche Ausgabe:
© 1988 Fischer Taschenbuch Verlag GmbH, Frankfurt am Main
Umschlaggestaltung: Buchholz/Hinsch/Hensinger
Gesamtherstellung: Wagner GmbH, Nördlingen
Printed in Germany
ISBN 3-596-27408-7

Inhalt

Ein Inventar der Differenzen

Antrittsvorlesung am Collège de France

Während der Stunden oder Tage, die ihrer Inauguralvorlesung vorangehen, zittern selbst diejenigen, so hat man mir versichert, die bessere Gründe als ich haben, furchtlos zu sein. Und tatsächlich erkennt man so viele Gründe, die jemand vor diesem oder jenem unter Ihnen erzittern lassen könnten, daß ich Sie nicht mit einer Ihnen aufgezwungenen Detailschilderung meiner eigenen Gründe langweilen will. Nur aus einem Grund will ich eine Gunst von Ihnen erbitten. Sie haben mich berufen, meine verehrten Kollegen, einen Lehrstuhl für römische Geschichte zu besetzen. Nun sehen Sie mich ganz und gar überzeugt davon, daß die Geschichte existiert, oder wenigstens die soziologische Geschichte, diejenige, die sich nicht darauf beschränkt zu schildern, nicht einmal darauf, zu verstehen, sondern die ihren Stoff durch Rückgriff auf die Konzeptualisierung der Humanwissenschaften, auch moralische oder politische Wissenschaften genannt, strukturiert. Sie sehen mich nicht weniger überzeugt davon, daß die Römer wirklich existiert haben; d. h., daß sie zugleich in einer so exotischen und alltäglichen Art und Weise existiert haben, wie die Tibetaner zum Beispiel oder die Nambicuaras, weder mehr, noch weniger; so daß es unmöglich ist, sie länger als eine Art von Wert-Volk zu betrachten. Wenn also die Geschichte existiert, und ebenso die Römer existieren, gibt es dann eine römische Geschichte? Besteht die Geschichte darin, Geschichten in zeitlicher Reihenfolge zu erzählen? Die Antwort wird, um es gleich zu sagen, in formaler Hinsicht ›ja‹, und in materialer Hinsicht ›nein‹ lauten. ›Ja‹, denn es gibt geschichtliche Ereignisse; ›nein‹, denn es gibt keine historische Erklärung. Wie viele andere Wissenschaften formt die Geschichte ihren Stoff, indem sie auf eine andere

Wissenschaft, die Soziologie, zurückgreift. In gleicher Weise gibt es zwar astronomische Phänomene, aber, wenn ich mich nicht täusche, gibt es keine astronomische Erklärung; die Erklärung der astronomischen Fakten ist physikalischer Art. Es bleibt aber wahr, daß ein Astronomiekurs kein Physikkurs ist.

Als Sie diesen Lehrstuhl der römischen Geschichte einem Unbekannten anvertrauten, dessen Geburtsort im Seminar für historische Soziologie liegt, haben Sie, verehrte Kollegen, so glaube ich, eine Ihrer Traditionen respektieren wollen. Denn auf dem Lehrstuhl, den ich einnehme, ist das Interesse für die Humanwissenschaften Tradition. Als Ihr Diener, der darauf erpicht ist, sich Ihnen in seinem besten Licht zu zeigen, will ich mich mit etwas empfehlen, was man das zweite Moment der Aronschen Geschichtsphilosophie nennen könnte. Das erste Moment dieser Geschichtsphilosophie bestand in der Kritik des Begriffs der historischen Tatsache; »die Tatsachen existieren nicht«, d. h., sie existieren nicht in gesondertem Zustand, es sei denn durch Abstraktion; konkret gesprochen, existieren sie nur unter einem Begriff, der sie formt. Oder, wenn Sie so wollen, die Geschichte existiert nur im Verhältnis zu den Fragen, die wir an sie richten. Der Materie nach wird Geschichte anhand von Tatsachen geschrieben; der Form nach anhand einer Problematik und von Begriffen.

Welche Fragen muß man dann an sie stellen? Und woher stammen die Begriffe, die sie strukturieren? Jeder Historiker ist stillschweigend ein Philosoph, denn er entscheidet darüber, was er anthropologisch für interessant hält. Er muß entscheiden, welchen Dingen er Bedeutung verleiht; Briefmarken im Laufe der Geschichte oder aber sozialen Klassen, Nationen, Geschlechtern und ihren politischen, materiellen und symbolhaltigen (im Sinne des *imago* der Psychoanalytiker) Beziehungen. Sie sehen, als François Chatelet den neo-kantischen Kritizismus für zu kurzgreifend hielt und im Namen Hegels eine weniger formalistische und substantiellere Auffassung von historischer Objektivität forderte, konnte er nicht voraussehen, daß seine Wünsche so schnell in Erfüllung gehen würden.

Und da die Fakten nur der Stoff der Geschichte sind, muß ein Historiker, um sie zu formen, auf die politische und soziale Theorie zurückgreifen. Aron schrieb 1971 diese Zeilen, die mein Programm sein sollen: »Der Ehrgeiz des Historikers an sich bleibt die Schilderung des vom Menschen gelebten Abenteuers. Aber diese Schilderung erfordert alle Mittel der Sozialwissenschaften, einschließlich der wünschenswerten, aber nicht verfügbaren Mittel. Wie will man das Werden eines Teilbereichs schildern – Diplomatie oder Ideologie – oder einer Ganzheit – Nation oder Reich – ohne eine Theorie des Bereichs oder des Ganzen zu haben. Wenn der Historiker etwas anderes als ein Ökonom oder Soziologe ist, so muß er nichtsdestoweniger imstande sein, mit ihnen auf gleicher Ebene zu diskutieren. Ich frage mich selbst, ob der Historiker, im Gegensatz zur empirischen Berufung, die ihm normalerweise zugeschrieben wird, nicht mit der Philosophie flirten muß; wer keinen Sinn im Dasein sucht, wird ihn nicht in der Vielfalt der Gesellschaften und Glaubensanschauungen finden.« So sieht das zweite Moment der Geschichtsphilosophie aus; wie wir sehen werden, läuft es auf das Zentralproblem der historischen Praxis hinaus: die Bestimmung von Invarianten über Wandlungen hinaus; ein Physiker würde sagen: die Bestimmung der Formel, jenseits unterschiedlicher Probleme, die sie zu lösen erlaubt. Das ist eine aktuelle Frage: Arons *Clausewitz* wahres Thema ist, die Invariante in die Greifnähe der Historiker zu rücken.

In wenigen oder vielen Worten muß ein Historiker entscheiden, wovon er zu sprechen hat, und wissen, wovon er spricht. Es geht nicht um das Interdisziplinäre, sondern um sehr viel mehr. Die moralischen und politischen Wissenschaften (nennen wir sie herkömmlicherweise »Soziologie«, der Kürze halber) sind nicht wie das Grundstück eines Nachbarn, auf dem man Grenzpunkte festlegen oder nützliche Gegenstände plündern könnte. Sie tragen nichts zur Geschichte bei, denn sie leisten sehr viel mehr: sie formen sie, konstituieren sie. Anderenfalls müßte man annehmen, daß die Historiker, darin einzig in ihrer Art, das Recht hätten, von gewissen Dingen zu reden, nämlich von Frieden, Kriegen, Nationen, Verwaltungen oder Bräuchen, ohne zu wissen, was diese Dinge sind, und ohne sie durch das Studium der Wissenschaften, die davon handeln, zu erlernen.

Wollten die Historiker Positivisten sein, es würde ihnen nicht gelingen; selbst wenn sie nichts davon wissen wollen, besitzen sie eine Soziologie, da sie nicht den Mund aufmachen können, ohne die Begriffe ›Krieg‹ oder ›Stadt‹ auszusprechen und ohne sich, in Ermangelung einer ihres Namens werten Theorie, auf die Weisheit der Nationen oder auf falsche Begriffe, wie »Feudalismus« oder »Umverteilung« zu stützen. So ist also die Gelehrsamkeit, die seriöse Seite des Historikerberufs, nur die Hälfte der Aufgabe; und heutzutage hat die Ausbildung eines Historikers zwei Seiten: eine gelehrte und darüber eine soziologische. Das bedeutet doppelt soviel Arbeit, denn die Wissenschaft schreitet fort und die Welt verliert immer rasanter ihre Unschuld.

Die Humanwissenschaften sind in Mode, wie man sagt. Anders gesagt, ist unsere Epoche tiefgreifender kultiviert als andere: sie lernt nicht mehr viel Latein, dagegen versteht sie mehr von ihrer eigenen Welt. Nun ist unbestreitbar, daß unsere Epoche sich von den klassischen Studien abwendet. Ich sehe dafür nur zwei mögliche Erklärungen: wenn das kultivierte Publikum sich kaum noch für die Antike interessiert, dann entweder, weil die Antike nicht interessant ist, oder, weil wir Antike-Liebhaber es nicht verstanden haben, die Leute dafür zu interessieren. Welche soll man wählen? Nicht daß es darum geht, die Zustimmung der öffentlichen Meinung zu erflehen: die Geschichte ist zum Vergnügen der Historiker da, das ist alles. Nur, wenn man sich in größerer Zahl vergnügen könnte, hätte man mehr Spaß. Ich bin dabei, Proselytenmacherei zu betreiben. Aber wenn man schon den Werber spielen muß, macht man es besser mit einigen Chancen auf Erfolg. Ich werde also nicht vom Humanismus reden, nicht die Kultur verteidigen. Eine Kultur ist schon tot, wenn man sie verteidigt, anstatt sie zu ersinnen.

Meine Damen und Herren, es geht aus einfacher ethnographischer oder soziologischer Neugierde darum, die Geschichte eines alten Reiches zu konzeptualisieren, dessen Hauptruinen Namen tragen wie *Digesten* oder *Lukrez* und *Vergil*, d. h. Dante in zwei Personen. Es gibt eine Poesie der Ferne. Nichts liegt weiter von uns entfernt als diese antike Zivilisation; sie ist exotisch, was sag ich, sie ist der Vergangenheit anheimgefallen, und die Gegenstände, die unsere Ausgrabungen zutage fördern, sind so erstaunlich wie Aerolithen. Das wenige, was vom römischen Erbe in uns übergegangen ist – in wie vielen verwässerten Dosen und zum Preis welcher Uminterpretationen ist es in uns! Zwischen den Römern und uns hat sich durch das Christentum, durch die deutsche Philosophie, die technologischen, wissenschaftlichen und ökonomischen Revolutionen ein Abgrund aufgetan, d. h., durch alles, was unsere Zivilisation ausmacht. Und deshalb ist die römische Geschichte interessant: sie erlaubt uns, aus uns selbst herauszugehen, und zwingt uns, die Unterschiede zu explizieren, die uns von ihr trennen. Eine Zivilisation, die weniger von der unsrigen entfernt wäre, hätte nicht diesen Vorzug; wir hätten mit ihr eine gemeinsame Sprache, so daß der größte Teil dessen, was der Historiker zu sagen hätte, ungesagt bleiben könnte; die Geschichtsschreibung könnte dann noch länger im Halbschatten verweilen, wo das nur vag Erfaßte schwebt.

Ein zweiter Grund, der eigenartig erscheinen mag, trägt dazu bei, daß die römische Geschichte reger als andere zur Erklärung des Nicht-Gedachten, zur Konzeptualisierung ermuntert: diese Geschichte ist spärlich dokumentiert; spärlicher, jedenfalls, als ein guter Teil der mittelalterlichen Geschichte. Spärlichkeit erregt Findigkeit, die ihrerseits einen neuen Reichtum hervorbringt. Jede Geschichtsschreibung hängt einerseits von der Problematik ab, die sie sich stellt, andererseits von den Dokumenten, über die sie verfügt. Und wenn eine Geschichtsschreibung festgefahren ist, dann liegt das bald am Mangel an Dokumenten, bald an einer verknöcherten Problematik. Und die Erfahrung lehrt, daß die Verknöcherung der Problematik sich immer sehr viel früher einstellt, als die Erschöpfung der Dokumente: selbst wenn die Dokumente spärlich sind, gibt es immer Probleme, die man sich nicht stellt. In noch starkerem Maße gilt das, wenn die Dokumente reichhaltig vorhanden sind: wenn die Geschichtsquellen üppig sind, ist es möglich, lange Zeit eine extensive Ausbeutung zu betreiben, ohne die Problematik zu ändern; man gibt sich damit zufrieden, neue Parzellen des Bodens zu bestellen; wenn die politische Geschichte sich Nullerträgen nähert, weil ihre Technik veraltet ist, begibt man sich, ohne die Technik umzustülpen, in die strukturale (nicht-ereignisbeschreibende) Geschichte, und ersetzt die Daten von Verträgen und Schlachten durch Kurven über lange Zeiträume. Das zeigt den Vorteil, den man hat, wenn man die fruchtbarsten Gegenden der geschichtlichen Landschaft bewohnt. Von daher stammt die überschwengliche Bewunderung, die zwei Erfinder verdienen, Philippe Ariès und Michel Foucault, die, als wahre Unternehmer im Sinne von Schumpeter, Innovatoren waren, ohne dazu durch die Spärlichkeit der Dokumente gezwungen gewesen zu sein.

Wenn die scheinbare Ausschöpfung der Dokumente zu einer Abänderung der Problematik zwingt, zeigt sich, daß neue Fragen ausbeutbar werden; es geschieht selbst, daß traditionelle Fragen, dank der neuen Technik, ihrer Lösung näher rücken. Dazu sei ein Beispiel angeführt, das anschaulich macht, was Konzeptualisierung, Theorie und Invariante bedeuten; es handelt sich um den römischen Imperialismus. Dieser Imperialismus stellt keinerlei Probleme dar, solange der Historiker sich keines stellt und sich darauf beschränkt, von der römischen Eroberung zu berichten. Aber wenn man der Frage nachgeht, warum die Römer die hellenistische Welt plötzlich erobert oder vielmehr finnlandisiert haben, findet man sich einem Rätsel ausgesetzt: warum dieses plötzliche Eingreifen in das internationale System der griechischen Staaten, von dem Rom sich lange Zeit abseits gehalten hatte, ebenso wie die Vereinigten Staaten bis 1917 isoliert von der internationalen Szene lebten? Es zeigt sich bald, daß die Diskussion festgefahren ist, weil sich viele Historiker, unbewußt oder vielmehr implizite, die Prinzipien der römischen Politik nach den Prinzipien des europäischen Gleichgewichts vorstellen, als ob das selbstverständlich sei und keine anderen Prinzipien der Außenpolitik möglich seien; solche Historiker, die glaubten, keine Theorie zu haben und sich an die bloßen Fakten zu halten, hatten, ohne es zu wissen, eine Theorie, die jedoch falsch war. Nicht daß Gleichgewichtspolitik, im Sinne von Vergennes und Bismarck, in der Antike unbekannt gewesen wäre: die griechischen Staaten praktizierten sie unter sich; es wurde akzeptiert, daß es eine Anzahl von gleichberechtigten Staaten gab, daß sie ein Existenzrecht hatten, ihre Interessen vertraten und untereinander, von Tag zu Tag, in einer gemeinsamen Halb-Sicherheit lebten. Aber diese Maximen sind eben nicht diejenigen der römischen Politik, und aus diesem Grunde überraschte und schokkierte die Griechen die Brutalität und die Arroganz des römischen Eingriffs in die Welt der hellenistischen Staaten; es war ein tragisches Mißverständnis, denn jedes Volk schrieb dem anderen seine eigenen Maximen zu. Aber Roms Maximen sind archaisch; Rom verkörpert eine archaische Form, nicht des Imperialismus, sondern des Isolationismus. Es verneint die Pluralität der Nationen, es verhält sich, wie Mommsen sagte, als ob es der einzige Staat im wahrsten Sinne des Wortes sei; es sucht im Gleichgewicht mit anderen Städten keine gemeinsame Halb-Sicherheit, die von Tag zu Tag gilt, sondern es will in Frieden leben, indem es sich ein für allemal eine vollständige und endgültige Sicherheit verschafft. Was wäre das ideale Ergebnis einer solchen Ambition? Dieses: den ganzen menschlichen Horizont zu erobern, bis zu seinen Grenzen, bis zum Meer oder den Barbaren, um endlich alleine auf der Welt zu sein, wenn alles erobert ist. In jenen alten Zeiten, als der Planet noch nicht vollständig katastriert war, konnte man tatsächlich davon träumen, mit dem Problem der Sicherheit und der Außenpolitik endgültig aufzuräumen, so wie wir davon träumen, ein für allemal mit dem Problem des Hungers und des Krebses fertig zu werden. Ich vermute, daß der chinesische Imperialismus ebenfalls diesen Traum teilte, den ganzen menschlichen Horizont zu besetzen; wenn ich mich täusche, werden Sie mich sicherlich darauf aufmerksam machen.

Was uns zwei Dinge zeigt. *Primo*, die Anerkennung der Existenz anderer Nationen als internationale Rechtssubjekte ist nicht selbstverständlich; die Römer verfuhren mit der ganzen Welt, wie es die Europäer im letzten Jahrhundert mit den nicht-christlichen Völkern taten: diese waren dazu bestimmt, ignoriert oder unterworfen zu werden. Praktisch setzt die Existenz einer Anzahl von Staaten, die sich untereinander als gleichwertig anerkennen, entweder eine vorherige Kultureinheit voraus (die griechischen Städte waren Bruchstücke der hellenistischen Volksgemeinschaft), oder eine religiöse Einheit (das europäische Gleichgewicht bestand aus Überresten des Christentums). *Secundo,* der Gegensatz zwischen den beiden Sicherheitsauffassungen läuft auf die Einheit eines Modells, einer Invariante hinaus; mit den anderen in einer halben Sicherheit von Tag zu Tag zu leben oder für sich selbst eine vollständige Letztsicherheit zu gewinnen, indem man die anderen in eine totale Unsicherheit versetzt: das bedeutet, daß internationale Sicherheit ein Strategiespiel ist, dessen algebraische Summe gleich Null ist: die einen gewinnen, was die anderen verlieren, und es ist unmöglich, daß zwei benachbarte Staaten sich beide in totaler Sicherheit befinden. So sieht das invariante Modell aus, von dem wir zwei historische Abänderungen kennengelernt haben: die Gleichgewichtspolitik und die archaischen Isolationismen der römischen oder chinesischen Art.

So erlaubt die Konzeptualisierung einer Invariante, die Ereignisse zu erklären; durch Austauschen der Variablen kann man, ausgehend von der Invariante, die Vielfalt der historischen Abänderungen wiederherstellen; so erklärt man das Nicht-Gedachte, man wirft Licht auf Dinge, die nur vage begriffen oder kaum geahnt wurden. Schließlich und vor allem, so paradox diese Behauptung auch erscheinen mag, individualisiert einzig die Invariante, so abstrakt und allgemein sie auch ist; der römische Imperialismus ist kein vager Imperialismus mehr, im Sinne von politischen Stammtischdiskussionen; er hat nichts mehr gemeinsam mit Perikles, Alexander, Hitler; er ist auch nicht mehr der amerikanische Imperialismus und Isolationismus. Er trägt ihm eigene Gesichtszüge. Wie ein berühmter Satz sagt: je mehr Ideen man hat, desto eher findet man, daß die Menschen einfallsreich sind. Das Individuelle ist nicht das Unerschöpfliche, Unaussprechliche, worin nach Michelet das Leben selbst besteht: es ist das, was nicht verschwommen ist.

Die Invariante steht im Zentrum der historischen Praxis, da die Geschichte erklärt, und zwar soziologisch, wissenschaftlich erklärt; aber was ist eine Wissenschaft, wenn nicht die Bestimmung von Invarianten, die erlaubt, die Vielfalt der Phänomene wiederzufinden? Muß hinzugefügt werden, daß der römische Imperialismus nicht in diesem schönen Schema aufgeht? Der zweite Makedonische Krieg oder die Eroberung Galliens werden auf andere Weise erklärt und setzen eine allgemeine Theorie des Imperialismus voraus. Ich vergesse diese Nuancen nicht, aber es steht mir nur eine Stunde zur Verfügung.

Verschweigen wir nicht, daß beim aktuellen Stand der historischen Arbeit (oder vielmehr des Bewußtseins, das die Historiker von ihrer eigenen Arbeit entwickeln) die Vorstellung von Invarianten oder der Begriff etwas Verwirrung stiften wird. Die einen werden fragen, was das einbringt und welchen Nutzen es hat, ohne zu merken oder zu wissen, daß sie selbst mit Invarianten arbeiten (denn schließlich verachten die heutigen Historiker nicht die Ideen, die Theorien über den Menschen und die Geschichte). Andere werden prüde Befürchtungen hegen: ist die Invariante nicht die Verneinung selbst der historischen Evolution und eine konservative Ideologie, die behauptet, daß die »menschliche Natur« unveränderlich ist? Mißachtet sie nicht die Chronologie, das Auge der Geschichte? Verneinung des Zufalls und der Rolle des Individuums? Schlimmer noch, es wird sich der Verdacht regen, daß dies alles komparative Geschichte ist, dieses schwarze Schaf, das gleichzeitig ein sehr mythisches Tier ist (tatsächlich kommt es wenig auf die vergleichende Geschichte an; aber nutzen wir die Gelegenheit aus, da die Frage auf dem Tapet ist, um daran zu erinnern, daß das Verb »vergleichen« syntaktisch zwei Konstruktionen umfaßt, die Gegensätzliches bedeuten: ein Dichter vergleicht die Liebesleidenschaft *mit* der Flamme, um auszusagen, daß sie sehr vergleichbar sind; ein Historiker vergleicht den römischen *und* den athenischen Imperialismus, um festzustellen, daß sie sich nicht gleichen; so wie eine Wollhändlerin zwei Knäuel vergleicht, von denen sie den Verdacht hat, daß sie nicht den gleichen Farbton haben).

Vielleicht gibt es ein Mittel, diese Prüderie und ablehnende Gleichgültigkeit zu entschärfen. Es besteht in der Erinnerung, daß es bei Historikern eine sehr beliebte Theorie gibt, die kaum im Verdacht steht, historischen Sinn zu entbehren oder konservativ zu sein, und die viel Erfolg hat, weil sie es erlaubt oder vorgibt, aus der Geschichte endlich eine Wissenschaft zu machen; tatsächlich gibt sie den Fachleuten Explikationsinstrumente, anders gesagt, Invarianten an die Hand. Diese Theorie ist der Marxismus. Klassenkampf, Produktivkräfte und Produktionsverhältnisse, gesellschaftliche Basis, Ideologien, Klasseninteresse, der Staat als Instrument der herrschenden Klasse (das ist seine invariable Funktion, jenseits historischer Variationen; das ist auch der Sinn des ein für allemal definierten Staatsbegriffs): dies sind Invarianten. Der Marxismus ist eine ausladende Theorie; er erlaubt es, die gesellschaftlichen Transformationen und die »menschliche Natur« zu erklären; er findet hinter den Metamorphosen einen invariablen Schlüssel, der in der Dialektik der Produktivkräfte und Produktionsverhältnisse besteht (wenn er nicht invariabel wäre, wäre er *per definitionem* kein Schlüssel). Hinter dem Malerischen der Geschichte, dem lebhaften Flackern der Kulturen und Individuen erkennt er die großen Triebkräfte, die nicht müde werden, die Vielfalt des historischen Kaleidoskops zu erzeugen, und er erklärt sie. Er ist auf den »harten Kern« gestoßen oder glaubt, darauf gestoßen zu sein.
Die Forderung nach Invarianten ist ganz einfach die Forderung nach einer Theorie, die der Geschichte ihre Begriffe und Erklärungsinstrumente liefert. Der Marxismus glaubt, diese Theorie zu sein; es kommt hier wenig darauf an, daß sein Anspruch kaum begründet ist; sein Erfolg bei Historikern ist nichtsdestoweniger ein Symptom, das andeutet, daß Schilderung, Verstehen, Impressionismus, Geschmack am Lebendigen nicht ausreichen, sie zu befriedigen: es gibt bei ihnen auch ein Bedürfnis nach wissenschaftlicher Verständlichkeit. Es würde ihnen trotzdem nicht einfallen, die Bedeutung der Chronologie, des Zufalls, der großen Menschen zu verneinen! Ich sehe bereits die Verzweiflung der marxistischen Historiker unter meinen Freunden, falls je-

mand sich einfallen ließe, ihnen die abgedroschenen Einwände aufzutischen, die nichts mit der Frage zu tun haben.

Nimmt man den Marxismus genau, so ist er wert, was er wert ist; und doch hat er uns das Beispiel einer Invariante geliefert, die am geeignetsten ist, mit den Mißverständnissen aufzuräumen: »Die Geschichte aller bisherigen Gesellschaft«, heißt es im ersten Satz des *Kommunistischen Manifests*, »ist die Geschichte von Klassenkämpfen. Freier und Sklave, Patrizier und Plebejer, Baron und Leibeigener, Zunftbürger und Gesell, kurz, Unterdrücker und Unterdrückte [...]«. Jenseits historischer Wandlungen, theoretischer Unkenntnis und ideologischer Illusionen, ist der Klassenkampf unveränderlich die Triebfeder der Geschichte. Wenigstens in der »bisherigen Gesellschaft«. Das bedeutet nicht, daß es immer Klassen geben wird, immerfort und immerfort, sondern daß jenseits von Schein und Illusion der Klassenkampf die Wahrheit von Jahrtausenden der andauernden Vorgeschichte gewesen sein wird. »Invariante« bedeutet nicht, daß die Geschichte aus invariablen Gegenständen besteht, die sich niemals ändern, sondern nur, daß man daran einen Gesichtspunkt festmachen kann, der invariabel wie die Wahrheit bleibt, einen wissenschaftlichen Gesichtspunkt, der der Unwissenheit und den Täuschungen jeder Epoche entgeht und transhistorisch ist. In einem Wort: Invarianten zu bestimmen bedeutet, die wahren Realitäten und die wahren Mechanismen der historischen Evolution zu bestimmen; es bedeutet, diese Evolution wissenschaftlich zu erklären, anstatt sich darauf zu beschränken, eine oberflächliche und illusorische Schilderung zu geben. »Invarianten« heißt also »Geschichte, geschrieben im Lichte der Wissenschaften vom Menschen«, denn eine solche Geschichte wird natürlich diese Wissenschaften verwenden, wenn sie einmal existieren oder dazu beitragen, sie entstehen zu lassen. Die Invariante erklärt ihre eigenen historischen Wandlungen aus ihrer internen Komplexität heraus; aus derselben Komplexität erklärt sie auch ihr eigenes eventuelles Verschwinden: die Dialektik der Beziehungen und der Kämpfe zwischen den Klassen umfaßt die Erklärung ihres Verschwindens und des Auftretens einer klassenlosen Gesellschaft.

Selbst wenn sie es nicht wissen, arbeiten die Historiker mit Invarianten, so wie sie Prosa schreiben. Denn schließlich beanspruchen sie aufzuzeigen, welche Realität die Gesellschaften von einst hatten, und verzichten darauf, nacheinander der Ignoranz und der Illusion zu verfallen, die sich die unterschiedlichen Gesellschaften über sich selbst machten. Ein Historiker bringt die Römer, Tibetaner, Nambicuaras nicht zum Reden: er spricht an ihrer Stelle, er spricht zu uns über sie, und er sagt uns, welche Realitäten und Ideologien diese Völker hatten; er spricht seine, nicht ihre Sprache; hinter den Phänomenen und Mystifizierungen sieht er die Realität. Wenn er vom 20. Jahrhundert spricht, beansprucht er, die Wahrheit über das gegenwärtige Jahrhundert zu sagen und nicht seinen Täuschungen zu verfallen; er spricht nicht die fälschliche Sprache seiner Helden: er spricht zu uns über sie in einer Metasprache, der der wissenschaftlichen Wahrheit. Die Römer sprechen von der Größe Roms, von den Bräuchen der Vorfahren, von der Weisheit des Senats; der Historiker übersetzt dies in die transhistorische Metasprache der politischen Wissenschaften; er entziffert den Text und findet darin Invarianten wieder: Imperialismus oder Isolationismus, ideologischer Überbau, Klassenherrschaft. Er teilt nicht die fälschliche Sprache der Römer: er erklärt uns die Römer unter Verwendung der Sprache der wissenschaftlichen Wahrheit, durch Freilegung der Mechanismen und der Realitäten der römischen Geschichte und macht sie dadurch verständlich.

Dieses Gefallen an Verständlichkeit ist erst im Entstehen; und doch ist es dieses Gefallen, das die Zukunft unserer Wissenschaft birgt. Wir leben in einer Übergangzeit; viele gelehrte Köpfe begnügen sich noch damit, »die Vergangenheit zu rekonstruieren« und sie auf lebhafte Weise zu schildern. Noch ist es kein geläufiger Reflex zu konzeptualisieren, sich dieser geistigen Müdigkeit auszuliefern, die vergleichbar ist mit der Anstrengung der Vision; noch ist es kein deontologisch zwingender Reflex, sich angesichts dessen, was studiert wird (sei es der Wiener Kongreß, die Erziehung im Großen Jahrhundert, oder die Einstellung zum Tod) zu sagen: »Nun gut, versuchen wir jetzt, etwas Abstand zu gewinnen; versuchen wir die Soziologie, die Theorie des Ganzen aufzustellen. Denn dies alles muß in fünf oder sechs Begriffe, in einige Variablen, in das Spiel einiger Gesetze, einiger Tendenzen oder einiger Widersprüchlichkeiten einfügbar sein, und solange ich diese Artikulationen nicht freigelegt habe, weiß ich nicht, was mein Ereignis wirklich ist.« Andere werden anschließend diese Begriffe an anderen Geschichtsperioden überprüfen, diese Variablen austauschen, um zu versuchen, andere Ereignisse hervorzubringen, werden erproben, ob diese Gesetze oder Tendenzen einen kohärenten Diskurs bilden: so sieht Wissenschaft aus.

Klammert man die marxistischen Historiker aus, woher kommt es, daß die Vorstellung so wenig verbreitet ist, daß das Wesen der Geschichte in der Erklärung der Ereignisse, unter Bezug auf die Humanwissenschaften, liegt? Es hat viele Gründe. Einer ist der Glaube, daß die Wissenschaft, mit ihren generellen Ideen, der Geschichte als Wissenschaft von der Erkenntnis der Individualität ein Ende bereiten würde: im weiteren Verlauf meiner Rede soll gezeigt werden, daß diese Befürchtung grundlos ist. Ein anderer Grund ist, daß die Wissenschaften vom Menschen, die wir »Soziologie« genannt haben, erst im Entstehen begriffen sind, obwohl sie bereits auf zweieinhalb Jahrtausende zurückblicken; aber was bedeutet das schon: die Historiker werden keine Geschichte betreiben können, ohne diese Wissenschaften weiterzubringen. Ein weiterer Grund ist, daß diese Wissenschaften nicht immer ausreichend bekannt sind; die »Politologie« wird in Frankreich sehr viel weniger betrieben als in den Vereinigten Staaten oder in Deutschland, wo Professor Christian Meier politologisch inspirierte Bücher zur römischen Geschichte wie aus der römischen Geschichte schöpfende Bücher zur Politologie schreibt; ganz zu schweigen von seinen Beiträgen zum großen *Historischen Lexikon der geschichtlichen Grundbegriffe*. Und dann ist da der Marxismus, der nicht nur Gutes stiftet; er hat die Mehrzahl der Historiker, darunter die Wirtschaftshistoriker, davon überzeugt, daß die Politische Ökonomie der Marxismus ist (der keine ökonomische Theorie, sondern bloß ein Stück ökonomischer Geschichte ist) und daß man, ist man einmal vom Marxismus durchdrungen, gewappnet ist, Wirtschaftsgeschichte zu betreiben; auf die Gefahr hin, daß man mir nicht glaubt, kann behauptet werden, daß einige unter ihnen kaum um das Vorhandensein einer wahren ökonomischen Theorie wissen; auf jeden Fall verschmähen sie es, davon Kenntnis zu nehmen. Schließlich gibt es den Fall der Soziologie; ich habe dieses Wort hier in einem sehr konventionellen Sinne gebraucht: in Erinnerung an Max Weber bezeichnet es alle Humanwissenschaften, wovon die Geschichte wie deren Anwendung ist. Aber im gegenwärtigen Sprachgebrauch bedeutet »Soziologie« etwas anderes oder bedeutet vielmehr überhaupt nichts, denn drei unterschiedliche Dinge werden durcheinandergeworfen: eine strukturale Geschichte der zeitgenössischen Welt, dann eine gewisse Anzahl von Untersuchungstechniken (Lazarsfeld, Raymond Boudon) und schließlich die politische Philosophie und die Anthropologie des Armen; wenn man politische Theorie betreibt und sich nicht politischer Philosoph, sondern Soziologe nennt, hat man in der Tat zwei Vorteile: man kann so tun, als ignoriere man alles, was über den Menschen und die Gesellschaft seit zwei Jahrtausenden geschrieben worden ist, und man schmückt sich darüber hinaus mit dem Ansehen, das den »positiven« Forschern, die keine Philosophaster sind, anhaftet. Alles das ist nicht sehr attraktiv, und man versteht, daß mehr als ein Historiker einen Scheu-Reflex hat vor dem, was man Soziologie nennt (und was ich nicht so nenne).

Allein . . . allein, alle diese Gründe bilden nicht den Hauptgrund. Ein viel einfacherer Grund läßt viel zu oft verkennen, daß die Geschichte die Anwendung der moralischen und politischen Wissenschaften ist: er liegt in der Konvention, der Tradition, im »Diskurs« im Sinne von Foucault, mit allem, was eine Konvention an Willkürlichem und Inkohärentem beinhaltet. Bilden wir uns daher nicht ein, daß in all dem eine majestätische Logik steckt, daß es um die Auseinandersetzung zwischen zwei großen Optionen geht, um eine herzzerreißende Wahl, um einen ewigen Dialog: die Einzelheiten der Abgrenzung sind sehr viel geringfügiger und willkürlicher.

Die Demographie wird akzeptiert, nicht aber die Organisations-
theorie; Ökonometrie oder wenigstens quantitative Reihen werden akzeptiert, nicht aber die wirtschaftliche Analyse; man ist
noch Historiker, wenn man Karl Polanyi zitiert; dagegen hat Jellinek kein Bürgerrecht erhalten: wenn man ihn erwähnt, erregt
man den Verdacht, nur ein Klugredner zu sein oder, schlimmer
noch, ein Rechtsgelehrter. Man hat das Recht, von Potlatch oder
Umverteilung zu sprechen, aber wenn man von der Berechnung
der Gewinnspanne spricht, wird man verdächtig; man kann vom
Symbol reden, nicht aber von Index und Ikone. Der Hellenist
glaubt innerhalb der Schranken seines Faches zu verweilen,
wenn er vom Kräftegleichgewicht in Griechenland spricht (auf
die Gefahr hin, nicht genau den Sinn dieses Wortes zu kennen);
aber wenn man zu ihm von Isolationismus spricht, schaut er Sie
schief an und verdächtigt Sie, vergleichende Geschichte zu betreiben, was eine große Beleidigung ist: und das, weil das Wort
Isolationismus historisch ungebräuchlich ist. Ist man Demo-
graph, wird akzeptiert und empfohlen, Demographie zu erlernen, bevor man sich daran macht, die Dokumente zu sichten.
Aber wenn man politische Geschichte betreibt, wird es nicht
gerne gesehen, wenn man mit dem Studium der politischen Geschichte anfängt. Das ist eben so. Aber es spielt keine Rolle: über
diese Inkohärenzen hinausgehend, wird die Geschichte dennoch
zunehmend zu einer Anwendung der Wissenschaften vom Menschen; sie verwendet diese Wissenschaften, und vielleicht trägt
sie noch öfter zu ihrem Fortschritt bei.
Ich behaupte nicht, daß die historischen Wissenschaften zugunsten der Theorie verschwinden, sondern daß sie die Theorie verwenden und dabei doch sie selbst bleiben.
Diese Bewegung, die die Inventarwissenschaften, sei es die Geschichte, die Literatur- oder Kunstgeschichte, die Geographie,
zur theoretischen Erklärung drängen, ist allgemein; die Litera-
turtheorie ist im Entstehen. Die Leser von Paul Claval wissen,
daß sich seit den Arbeiten von Christaller über die Zentralorte
eine Theorie des geographischen Raums entwickelt hat; dazu ge-
sellen sich die Informationstheorie und die Standortlehre, die vor

bald eineinhalb Jahrhunderten von Thünen geschaffen wurde. Trotz dieses Bezugs auf die mathematische Ökonomie bewahren die Humanwissenschaften jedoch sehr häufig eine Eigentümlichkeit gegenüber den physikalischen Wissenschaften: sie stellen keine Formeln, keine formalen Modelle auf; als Invarianten besitzen sie Typen, Begriffsgebäude; das Musterbeispiel wäre die dreigliedrige Definition des Krieges bei Clausewitz. Diese Invarianten kann man Strukturen nennen, wenn man ohne dieses Wort nicht auskommt.

Sobald die historische Praxis die reichen Ernten der extensiven Ausbeutung aufgearbeitet hat, stolpert sie über das, was seit langem ihr wahres Problem ist: wie soll man in der Geschichte über irgend etwas reden, ohne sich auf eine transhistorische Invariante zu beziehen? Ich könnte Thukydides als Beispiel nehmen, aber man wird mich verdächtigen, in der Pioniergeschichte (der Annalesschule) nicht auf dem laufenden zu sein; ich werde also ein weniger antikes Beispiel heranziehen. Gegeben sei eine Geschichte des Wahnsinns; wie soll sie geschrieben werden? Wir haben alle gelernt, daß es den Wahnsinn »im Naturzustand«, jenseits von unsteten historischen Wandlungen, nicht gibt; und daß es daher unmöglich ist, von »dem« Wahnsinn über die Jahrhunderte hinweg zu sprechen, es sei denn, man stellt zwischen den zusammenhanglosen Krankheiten eine trügerische Kontinuität her. Was würden wir von einem Naiven denken, der eine Geschichte »der« Barmherzigkeit über die verschiedenen Zivilisationen hinweg, seit den Sumerern und den Pharaonen, schreiben würde?

Meine Zuhörer mögen mir eine Parenthese erlauben: zwei leicht unterschiedliche Vorstellungen kommen hier zusammen oder fließen ineinander; ihre Verbindung trägt den Namen Strukturalismus. Beide sind interessant und scheinen wahr zu sein; man braucht sie nur auseinanderzuhalten. Einerseits ist alle soziale Wirklichkeit objektiv beschränkt; andererseits ist jede soziale Wirklichkeit in unserer Vorstellung verworren, und es liegt an uns, sie zu konzeptualisieren und zu durchschauen. Einerseits ist kein Wahnsinn der Wahnsinn selbst, keine Wissenschaft ist die Wissenschaft, keine Malerei ist die ganze Malerei, kein Krieg ist der absolute Krieg, überall gibt es Friktionen, im Sinne von Clausewitz und Walras, oder Verknappung des Diskurses, im Sinne von Foucault; die historisch Handelnden unterliegen Beschränkungen und, in diesem Sinne, ist es ihre Epoche, die durch sie zum Ausdruck kommt; es folgt als Konsequenz, daß der Ausdruck niemals perfekt auf das Ausgedrückte paßt: es gibt Verzerrungen. Seien Sie beruhigt: ich halte Foucault so wenig für einen Strukturalisten, daß meine Beispiele von Wölfflin stammen, den man nicht dem Strukturalismus zurechnen kann, da er noch nicht geboren war. Einerseits entwickelt Wölfflin, auf der Ebene der Begriffe, seine fundamentalen Invarianten der Kunstgeschichte; es sind fünf Paare mit zwei Begriffen: das Lineare und Malerische, die geschlossene und offene Form usw. Andererseits zeigt Wölfflin, auf der Ebene des Wirklichen, daß die Entwicklung der bildlichen Sehweise autonom ist oder, wenn man so will, daß sie ein Subsystem ist, mit eigener Zeitlichkeit und Trägheit, die nicht die des Künstlers ist; so daß die Künstler den Konventionen, dem bildlichen »Diskurs« ihrer Epoche unterliegen. Jedes Bild hat zwei Schöpfer, den Künstler und sein Jahrhundert. Schließen wir daraus nicht, in akademischer Manier, daß jeder Künstler sich durch die Konventionen seiner Zeit ausdrückt, deren willkommene Enge eine »Herausforderung« darstellt, die er annimmt, und die es ihm erlaubt, seinen künstlerischen Ausdruck zu steigern: was Wölfflin dagegen zeigt, ist, daß der Künstler schlicht und einfach diesen Konventionen unterliegt, die seinen Ausdruck ohne sein Wissen beschränken und verzerren, so daß Signifikant und Signifikat nicht mehr überall zusammenpassen; hier wie überall bricht die dualistische Widerspiegelungstheorie zusammen.

Zu seiner Zeit schockierte Wölfflin; er schockierte Panofsky; gleichwohl hat dieser sich nicht zu der Klage hinreißen lassen, daß Wölfflin den Künstler beseitigen, den Menschen und das Menschliche unterdrücken wolle. Lassen wir diese eitlen Befürchtungen. Wolfflin und Foucault haben nur daran erinnert, daß der Mensch nicht durchweg aktiv ist, und daß es ihm widerfährt zu erdulden. Schreit man Zeter und Mordio, wenn die katholische Theologie lehrt, daß die Handlungen eines Gerechten, der die mitwirkende Gnade empfängt, zwei Autoren haben, Gott und er? Daß, wenn ein Gerechter die wirkende Gnade empfängt, Gott durch ihn handelt? Aber wir haben ebenfalls gesehen, daß die Ebene der begrifflichen Invariante und die Ebene des Wirklichen bei Wölfflin getrennt bleiben: einerseits erlaubten die zehn Grundbegriffe der Kunstgeschichte, das Kunstwerk über die Zeit zu konzeptualisieren; andererseits fand sich, daß die Einfassung der Sehweise ihrer autonomen Entwicklung und ihrer eigenen Zeitlichkeit folgte.

Autonome Entwicklung, sagten wir: meine Damen und Herren, der ganze Gang der Geschichte besteht aus Subsystemen, deren Verbindungen kontingent sind; die Autonomie der künstlerischen Konventionen im Vergleich zu den Intentionen des Künstlers, die der Ideologien im Vergleich zur Basis, der Verhaltensweisen im Vergleich zu den Werten, der Wörter im Vergleich zu den Dingen, sind davon spezielle Fälle; allein der erbauliche Akademismus oder der marxistische Mono-Ideismus könnten daran Anstoß nehmen. Lassen wir die Autonomie auf sich beruhen und gehen wir zu den zehn Grundbegriffen Wölfflins zurück. Wenn wir im Louvre vor einem Bild stehen, erlauben uns diese Begriffe, eine bessere Vorstellung von diesem Bild zu bekommen, sich seiner Originalität bewußter zu werden und es im wörtlichen Sinne besser zu sehen. Wie mein Freund Jean Pariente in seinem schönen Buch *Le Langage et l'Individuel* schreibt, stellt man zu Unrecht die Erfassung der Individualitäten in ihrem ganzen Reichtum der Konzeptualisierung gegenüber, die ein allzu allgemeines Geschwätz sein soll; im Gegenteil, jeder Begriff, den wir gewinnen, verfeinert und bereichert unsere Wahrnehmung der Welt; ohne Begriffe sieht man nichts; ohne Begriffe betreibt man narrative Geschichte, die nicht ganz mit der ereignisbeschreibenden Geschichte übereinstimmt: denn man kann Ereignisse sehr gut konzeptualisieren. Ein Physiker erklärt und individualisiert ein konkretes Phänomen zugleich, indem er darauf die richtige Formel anwendet und die algebraischen Buchstaben durch entsprechende Zahlen ersetzt; ebenso besteht die historische und auch die soziologische Erklärung (es ist die gleiche) in der Rückführung eines Ereignisses auf ein transhistorisches Modell, das durch Austausch der Variablen individualisiert wird. Pariente gibt zwei Beispiele: Montesquieu und Georges Dumézil. Bei Montesquieu individualisieren Klima und andere soziologische Variablen die Typen der politischen Regierungsformen: die Republiken des Nordens gleichen nicht denen des Südens; bei Dumézil ist das Wort »Rom«, obwohl es so scheint, kein Eigenname: es ist ein Individualisierungsoperator. Nehmen wir an, wir hätten ein mythisches Schema vor Augen, das der Komparatist bei einhundert verschiedenen Völkern in vielfach gewandelter Form wiederfindet; der Individualisierungsoperator ist nicht dazu bestimmt, die römische Abwandlung zu bezeichnen, sondern uns zu erlauben, sie ausgehend vom Schema zu erzeugen; der Name Rom besagt: »entfalten Sie das Schema nicht auf der Ebene der Fabel, wie in Griechenland, oder der Religion, wie in Indien, sondern auf der Ebene des historisch-politischen Denkens, das Rom eigen ist: so finden Sie die ursprüngliche Abwandlung wieder, die die Römer an unserem Schema vorgenommen haben.«

Anders gesagt, haben wir vor jedem historischen Faktum, ob es momentan oder von Dauer ist, die Wahl zwischen zwei sehr verschiedenen Einstellungen; die eine ist narrativ und ein bißchen passiv, es ist die des gemeinen Menschenverstands, es sind die Ereignisse, so, wie wir sie in den Zeitungen und im Grunde sogar bei Michelet lesen; die andere Einstellung, die wissenschaftliche, ist zugleich explikativ und individualisierend. Wir werden sie beide nacheinander prüfen und sehen, daß die zweite, die der Humanwissenschaften – die weit davon entfernt ist, die Ernte des Menschlichen wie ein Hagelschauer zu schädigen – ganz im Gegenteil die einzige Einstellung ist, die das sichert und vollendet, was uns Historikern am meisten am Herzen liegt. Und uns liegen zwei Dinge am Herzen: daß die Geschichte nicht mit der Soziologie verwechselt wird; daß man fortfährt, die Vergangenheit, die ganze Vergangenheit zu schildern und ein vollständiges

Inventar davon aufzunehmen; und daß die ursprüngliche Würze jedes Faktums bewahrt bleibt. Unser Lieblingsmythos, der der historischen Epoche, der Epoche mit ihrer unsagbaren Originalität, bringt auf seine Art unsere doppelte Forderung zum Ausdruck: die nach einem Inventar aller Ereignisse und einer Individualisierung jedes Ereignisses; kein Ereignis ist eine unnütze Wiederholung eines anderen, und kein Ereignis ist auf eine Abstraktion reduzierbar. Die Individualisierung haben wir als Aufgabe mit den Humanwissenschaften gemeinsam, da ›individualisieren‹ verdeutlichen und erklären heißt; dagegen gilt die Forderung nach einem vollständigen Inventar nur für uns; sie büßt dadurch nichts an Legitimität ein. Diese Forderung ist dafür verantwortlich, daß die Geschichte nicht das gleiche wie die Soziologie ist oder, wenn man so will, daß die Geschichte Erzählung bleibt. Auf gleiche Weise haben die Astronomen mit den Physikern die Erklärung jedes Phänomens durch Unterordnung unter die allgemeine Formel gemeinsam, doch haben sie auch eine Forderung, die ihrer Berufskategorie eigen ist: sie wollen, daß die Sterne um ihrer selbst willen studiert werden; was soweit geht, glaube ich, daß sie sie katalogisieren, und ihr Gefallen an einem vollständigen Inventar würde es nicht ertragen, daß die geringste Galaxie verloren geht. D. h., erklären, aber auch aufzählen. Das gleiche Erfordernis trifft man bei den Historikern an; es genügt ihnen, daß eine Zivilisation existiert hat, um im Inventar erscheinen zu müssen, selbst wenn man davon nur zwei oder drei unentzifferbare Texte und den Namen eines ihrer Könige wiedergefunden hat. Bei einem großen Gelehrten, für den ich meine Hochachtung betone, Louis Robert, habe ich dieses Gefühl, daß die Geschichte das vollständige Gedächtnis der Welt ist, am Werk sehen können.

Unser Mythos von der historischen Epoche ist überbestimmt; er hat in der Tat nicht weniger als drei Wurzeln. Die erste liegt in der korporativen Verteidigung, in der Sicherung des Jagdreviers (oder, häufiger, des Herrschaftsbereichs) oder eines Gartens seligen Schlummers. Die zweite Wurzel sind die Konventionen der Zunft: um ernst genommen zu werden, um »wahrheitsfähig« zu sein, muß jede historische Behauptung gewisse äußere Zeichen aufweisen, die ihre Wissenschaftlichkeit vermuten lassen; wenn sie sie nicht aufweist, ist sie verdächtig; das wichtigste dieser äußeren Zeichen besteht darin, nicht aus seiner Epoche herauszufallen; wer immer eine römische Tatsache mit einer chinesischen Tatsache zusammenbringt, selbst um sie gegenüberzustellen, wird der Phantasterei verdächtigt. Warum? Weil er Latein kann, nicht aber Chinesisch, oder umgekehrt. Und vor allem, weil man durch eine eigenartige Illusion glaubt, daß die Geschichte sich nicht wiederholt; unter dem Vorwand, daß eine historische Tatsache individuell ist, stellt man sich vor, sie sei einzigartig. Dennoch sind zahlreiche historische Fakten fast eineiige Zwillinge; sie gleichen sich wie ein Ei dem anderen; es handelt sich nichtsdestoweniger um zwei getrennte Individuen, und wenn der Historiker die Zählung durchführt, zählen sie für zwei. Nur in den Augen eines Soziologen würden sie in ein und dieselbe Kategorie fallen. Man darf nicht sagen, daß die Geschichte in der Vorliebe für Dinge besteht, die man niemals zweimal sieht, sie besteht darin, zweimal zu mögen, was man gelegentlich wiedersieht.

Im Vorübergehen sei gesagt, daß hier der Grund liegt, warum der Begriff ›Inventar‹, den ich provisorisch übernommen habe, um die Geschichte zu charakterisieren, sich als unzureichend erweisen wird: wir werden den alten Begriff der Erzählung wieder aufgreifen müssen, jetzt, da wir nicht länger im Verdacht stehen dürften, zweifelhafte Sympathien für die traditionelle Historiographie zu hegen. Warum Erzählung und nicht einfach Inventar? Weil die Zeit die historischen Fakten individualisiert. Genauer: auch andere Forscher als Astronomen und Historiker betreiben Wissenschaften, in denen das Inventar ihrer Gegenstände aufgenommen wird; zum Beispiel wollen die Zoologen nicht, daß die geringste lebende Art verloren geht; sie beschreiben sie alle. Kann man sich dann zwei lebende Arten vorstellen, die vollständig identisch wären und die trotz dieses Umstandes verschieden wären und für zwei zählten? Offenbar nicht; die Arten sind in der Tat durch ihre Beschreibung, ihr Wesen individualisiert. Die Ereignisse ihrerseits sind zweierlei, selbst wenn sie sich wiederholen, denn sie geschehen zu zwei verschiedenen Zeitpunkten. Wir entdecken hier, was am beruhigenden Mythos der unvergleichbaren Epoche wahr ist, nämlich die Individualität der Ereignisse, die der Mythos zu bewahren hofft; darin liegt seine authentische Wurzel.

Allein, der Mythos verfährt ungeschickt dabei: es gelingt ihm noch nicht einmal anzugeben, worin diese Originalität besteht, und die dafür richtigen Begriffe zu finden: er beschränkt sich darauf, die Originalität zu bezeichnen und dem Instinkt des Lesers zu vertrauen, der spüren sollte, mit welcher Art von Individualität er es zu tun hat.

Versetzen wir uns in die Lage eines narrativen Historikers, der an die historische Epoche glaubt. Er unternimmt es, seinem Leser die Geschichte Roms zu schildern. Er spricht von Eroberungen, kaiserlicher Macht, römischem Recht; er gibt Daten, Eigennamen, Institutionen, narrative Präzisionen an; kurz, er hält sich nüchtern an die »positiven« Fakten. Der etwas verdutzte Leser sieht zwar, daß römisches Recht oder römischer Imperialismus nicht das gleiche wie der Code Napoléon oder der athenische Imperialismus ist, da die Daten und Fakten nicht die gleichen sind; und doch dämmert es ihm, daß die Originalität der römischen Ereignisse weiter reicht als diese wenig subtilen Unterschiede: der Leser empfindet vage, daß der römische Eroberungsdrang, der bis an die Grenzen des menschlichen Horizonts stößt, ohne dazu von einer Ideologie, vom Reiz der mächtigen Schwerthiebe oder von der Ruhmessucht gedrängt zu sein, eine eigenartige, unvergleichliche Sache ist. Nicht weniger vage empfindet der Leser, daß die Einstellung des römischen Juristen, der das Recht interpretiert, nur äußerlich der des modernen Juristen ähnelt, der die gleiche Arbeit leistet; und er hat recht: die beiden Einstellungen haben nichts gemein. Ein moderner Jurist gibt nicht vor, Rechtsregeln aufzustellen: er ist kein Gesetzgeber; er beschränkt sich darauf, seines Amtes zu walten, d. h., die Regeln zu interpretieren: so wird er sich zum Beispiel fragen, welche Absicht der Gesetzgeber hatte. Auch der klassische römische Jurist hält sich nicht für einen Gesetzgeber, wenigstens nicht ausdrücklich: wenn er erklärt, daß eine Gesetzesregel »im Grunde« dies oder jenes besagen will, glaubt er, sie nur zu interpretieren; er ist von vornherein überzeugt, daß die Regeln die eingefleischte Wahrheit sind: folglich wird alles, was er als wahr einschätzt, nichts anderes sein, als was die Regel besagt; seine Einstellung zum Recht ist identisch mit der Vaugelas' zum »richtigen Sprachgebrauch«: er ist unfähig, deskriptive und normative Grammatik auseinanderzuhalten.

Diese Kluft zwischen den beiden Einstellungen wurde vom Leser unseres narrativen Historikers vage empfunden; und der Historiker, der sie auch spürte, rechnete damit, daß der Leser sie empfinden würde: denn einzig diese Ahnung kann verhindern, daß der Leser in den Abgrund fällt, den der Historiker nicht in Worten explizieren kann; nur diese Ahnung wird ihn vor Anachronismen in der historischen Atmosphäre, vor Fehlern in den Nuancen bewahren, die dem Anfänger so viele Fallen stellen. Die Aussagen der narrativen Geschichte sind umsäumt von einem breiten Rand des Unausgedrückten, wo einzig eine unbegriffliche Einfühlsamkeit es erlaubt, falsche Schritte zu vermeiden. Auch erkennt man schon von weitem die großen Liebhaber der Antike – einen Pierre Boyancé, einen Ronald Syme, einen Louis Robert– an den Seiten, *die sie nicht schreiben*, wie man wahre Schriftsteller an den Platitüden erkennt, die sie nicht schreiben: ein sicherer Instinkt leitet sie im Dunkeln; daher folgt man ihren Schritten. Alle großen Historiker werden von einem theoretischen Wissen geleitet; aus Askese tun sie so, als ignorierten sie es; dieses traumwandlerische, implizite Wissen ist vergleichbar mit dem Wissen, das ein Mann der Tat hat.

Daraus folgt bei den anderen Gelehrten eine unangebrachte Strenge, die nur auf den Ernst der Gelehrsamkeit pocht und vergißt, daß es auch die Theorie gibt und daß sie ihre eigene Seriosität hat. Ein Sinologie-Kollege sagte mir: »Klassischerweise erklärt man die Verbreitung der Sekten im alten China durch die übertriebene Starrheit der traditionellen Riten, die die spirituellen Bedürfnisse nicht befriedigen konnten. Aber was heißt Riten, und woher stammt die Sicherheit, daß sie diese Wirkung haben?

Ist es ein einfacher Ausdruck für die Weisheit der Nationen oder eine durchdachte Behauptung, auf die man bauen kann? Es ist verwunderlich, daß dieselben Gelehrten, die so streng auf einen Punkt der Chronologie achten, sich nicht diese Frage stellen und ohne die geringste Beunruhigung diese falschen Evidenzen verwenden.« Es ist allzu wahr, daß die Riten und ihre Wirkungen Vorstellungen sind, die man definieren, verifizieren und systematisieren müßte. Wenn Riten etwas bedeuten und wenn sie so starr waren, wie man sagt, wenn sie als Ausgleich andere Quellen haben sprudeln lassen, dann haben sie die gleiche Wirkung zu anderen Zeiten und an anderen Orten hervorbringen müssen; wenn sie eine Erklärung sind, die man gleichbleibend in mehr als einer Entwicklung wiederfindet, dann muß diese Invariante mit anderen theoretischen Behauptungen systematisierbar sein; sie muß in einer kohärenten Auffassung vom *homo religiosus* Platz finden. Schließlich unterscheiden sich die Behauptungen des gesunden Menschenverstands von denen der Wissenschaft in nichts, außer, daß letztere systematisch und verifiziert sind.

Fassen wir zusammen: angesichts der Individualitäten, aus denen historische Fakten sich zusammensetzen, sind zwei Einstellungen möglich; entweder bezeichnen und beschreiben wir sie: eine bestimmte Rechtsvorschrift fand sich im antiken Rom; sie schrieb dieses oder jenes vor; eine bestimmte Form des Imperialismus fand sich in Rom, durch den diese oder jene Provinz erobert wurde. In diesem Fall entgeht uns die unvergleichliche Originalität dieser Rechtsvorschrift, dieser Form des Imperialismus: sie wird nur vage empfunden, was uns nicht daran hindert, sicher damit umzugehen, wenigstens wenn wir damit vertraut sind; es ist, als hätte man uns einen Unbekannten vorgestellt, von dem wir nur seinen Namen und seinen Beruf erfahren hätten; es ist unsere Aufgabe, an seinen Gesichtszügen zu merken, welche Sprache wir ihm gegenüber verwenden und welche Taktlosigkeiten wir vermeiden müssen. Das ist die erste historische Einstellung. Die zweite besteht darin, die Originalität des Unbekannten zu explizieren, Worte, Begriffe zu finden, sie auszudrücken, sie im Vergleich zur Charakteriologie ausfindig zu machen, anders gesagt, im Vergleich zu den Invarianten, die die charakteriologischen Typen sind.

Warum zwei so ungleiche Einstellungen angesichts der Individualitäten? Wiederum soll Pariente unser Führer sein. Wir können auf zweifache Weise individualisieren: durch den Gebrauch von Begriffen des gesunden Menschenverstands oder durch Rückgriff auf wissenschaftliche Modelle. Um ein Individuum zu bezeichnen, bedient sich die Umgangssprache Begriffen: dies ist ein Tisch, eine Gottheit, ein Rechtssystem, und sie fügt nichtbegriffliche Indikatoren hinzu: der hintere Tisch, der Gott, der *Vulkan* heißt, das Recht des antiken Roms. Leider lassen die fraglichen Begriffe die Originalität der Sache durch ihre Maschen schlüpfen: nichts ähnelt dem einen Recht mehr als ein anderes Recht. Dagegen wird uns diese Originalität nicht mehr entgehen, wenn wir über ein Spiel von Invarianten verfügen, mit denen wir so lange operieren, bis wir die Partikularitäten unseres Individuums wiedergegeben haben; in der Skala der vor den juristischen Regeln möglichen Einstellungen sticht das römische Recht durch eine Haltung »à la Vaugelas« hervor und ebenfalls natürlich durch eine große Zahl anderer Unterschiede. Sie sehen, daß die ganze Geschichte ohne unser Zutun auf Anhieb zur vergleichenden Geschichte wird, d. h., einer Geschichte, die trennt und weiß, warum sie es tut; das römische Recht fügt sich in eine Typologie unterschiedlicher Rechtssysteme ein und unterscheidet sich davon durch originale Varianten, die wir dann voll ausbuchstabieren können. Folglich ist es das gleiche, die Ereignisse wissenschaftlich zu erklären, wie sie zu individualisieren: der Geschichte gelingt es nur, die Originalität der Tatsachen zu explizieren, wenn sie die Humanwissenschaften darauf anwendet (ob sie bereits vorhanden oder erst im Entstehen sind).

Wenn die Geschichte sich so zur Aufgabe macht zu konzeptualisieren, um die Originalität der Sache einzukreisen, dann befällt mich eine doppelte Verzweiflung, meine verehrten Kollegen: alles oder fast alles ist noch zu tun, die römische Geschichte ist noch zu schreiben, und dazu sollten Sie nicht auf mich zählen. Ich sehe einige Bäume, aber keinerlei Wald. Ich gestehe meine

Unfähigkeit, den römischen Staat, seine Verwaltung, seine Religion und so weiter, in einer allgemeinen Problematik der Funktion des Staates, der administrativen Organismen, in einer Typologie der religiösen Phänomene unterzubringen. Und doch ist gerade dies der wahre Beweis dafür, daß man endlich begriffen hat, was eine Individualität ist: man erkennt den eigentümlichen Platz, den sie unter ihren Schwestern einnimmt, und man erkennt ebenfalls, nach welchem Variablenspiel alle Schwestern mit ihren Unterschiedlichkeiten hervorgebracht werden können. Das ist einfacher gesagt als getan; von welcher Seite ist Hilfe zu erwarten? Von der Soziologie (der wahren, versteht sich)? Clausewitz brauchte dreißig Jahre, sein begriffliches Modell des Phänomens ›Krieg‹ zu formulieren; die großen deutschen Staatstheoretiker, bis Jellinek, haben Jahrhunderte gebraucht, um den modernen Staat zu definieren. Man versuche also, aus dem Stegreif zu sagen, was das Ding mit dem Namen ›Staat‹ oder einfacher das Ding mit dem Namen ›Nationalterritorium‹ ist, was ein halbes Jahrhundert an Diskussionen erforderte. Die Bildung und die Beziehungen zwischen den Geschlechtern sind sicherlich aktuelle Themen, die die Schaufenster der Buchläden füllen; aber es gibt meines Wissens keine brauchbare Theorie in diesen Bereichen, keine Konzeptualisierung, die, auf die geschichtliche Probe gestellt, die Fakten greift.

Da mir jedoch zum letzten Mal in meinem Leben Ehre zuteil wird, bevor ich aufs Altenteil gehe, erlauben Sie mir zum Abschluß, bei zwei Konsequenzen der konzeptualisierenden und individualisierenden Geschichtsauffassung zu verweilen: sie gräbt dem Mythos der historischen Epoche das Wasser ab, und sie wirft Licht auf den Unterschied zwischen Geschichte und Soziologie.

Der Mythos der historischen Epoche erwächst aus einer praktischen Schwierigkeit und einem Unvermögen. Die Schwierigkeit liegt darin, die Dokumente, die Sprachen und die Bibliographie von mehr als einer Zivilisation zu beherrschen; sie ist unüberwindbar, obwohl man die Konsequenzen etwas übertreibt. Das Unvermögen besteht darin, das Individuelle nur vermittels eines vagen Begriffs und eines Zeitindikators zu umreißen: »Es ist Imperialismus, der römischen Art.« Bei diesem Grad von Allgemeinheit gleicht dieser Imperialismus allen anderen; es bleibt also nur noch der Zeitindikator zur Aufreihung der individuellen Fakten: die Ereignisse werden nach der Zeit geordnet und studiert; was römisch ist, kommt zu dem, was römisch ist. Praktisch heißt das folgendes: wie nach einem Schulplan rasselt man absolut heterogene Fakten herunter: die römischen Institutionen, das römische Recht, die Wirtschaft, die Kultur, die Künste, das Alltagsleben. Alles, was sich aus diesem Sammelsurium zusammensetzt, soll Familienähnlichkeit besitzen, obwohl man sich davor hütet zu präzisieren, welche; das Sammelsurium selbst nimmt einen vertrauten Namen an: *Zivilisation*. Ein Erfolgsautor, Toynbee, trieb seinen Eifer so weit, die Anzahl der Zivilisationen in der Geschichte zu zählen; er hat, abgesehen von Fehlern, dreiundzwanzig gefunden, nicht eine mehr, nicht eine weniger.

Lassen wir ein für allemal die Epochen, die Zivilisationen, die Nationalgeschichten fallen, oder vielmehr widmen wir ihnen nur, was die Beschränkungen der Dokumente, der Sprachen, der Bibliographie erfordern. Die historischen Fakten können individualisiert werden, ohne an ihren Platz in einem raum-zeitlichen Komplex gerückt zu werden; das römische Recht findet nicht in einer Schachtel mit dem Namen ›Rom‹ Platz, sondern unter den anderen Rechtssystemen. Die Universität bereitete einst meinem Freund Le Roy Ladurie – er war zu jener Zeit Fakultätsprofessor – Schwierigkeiten, weil er diese einfache und schwierige Idee in die Praxis umgesetzt hatte. Mit Sicherheit werden die Menschen wahrscheinlich niemals die Lust verlieren, sich bei der Schilderung ihrer Geschichte zuzuhören. Aber ich bitte Sie: stellen Sie sich die Inhaltsangaben einer idealen Geschichte der Menschheit vor, und nehmen Sie an, daß die Kapitel anders überschrieben sind: nicht »der Orient, Griechenland, Rom, das Mittelalter«, sondern zum Beispiel, »von der Macht kraft subjektiven Rechts zur Macht kraft Vollmacht«, »von der Wirtschaft als unwesentliche Aktivität zur Professionalisierung der Wirtschaft«, »Isolationismus und Pluralismus in den internationalen Beziehungen«;

würde man nicht mehr Lust verspüren, das Buch zu kaufen, weil man endlich hoffen könnte, etwas vom Abenteuer Mensch zu begreifen? In einigen Jahrhunderten wird man dieses Buch schreiben können.

Mit einem Wort, der kontinuierlichen Erzählung ist ein Ende zu setzen. Schade um die Genregesetze; riskieren wir es, romantisch die Genres zu vermischen. Das raum-zeitliche Kontinuum ist nur ein didaktischer Rahmen, der die aus Faulheit narrative Tradition verewigt. Die historischen Fakten werden nicht nach Epochen und Völkern, sondern nach Begriffen organisiert; sie sind nicht in ihre Zeit, sondern unter Begriffe zu setzen. Dann haben die Fakten plötzlich nur noch relativ zu dem Begriff Individualität: gemäß der gewählten Problematik, ist die Individualität bald eine der Ministerkrisen in der Dritten Republik, bald die ministerielle Unbeständigkeit selbst (d. h., alle Krisen auf einmal); konkret gesprochen, wiederholen wir es, »existieren die Fakten nicht«: folglich ist ihre Individualität eine relative Angelegenheit, nach der Art von Maßstäben auf geographischen Karten. In einem Atemzug klärt sich auch der Begriff der strukturalen Geschichte ebenso wie der Unterschied zwischen Geschichte und Humanwissenschaften.

Man sagt, daß die Geschichte sich um individuelle Fakten kümmert, im Gegensatz zur Wissenschaft, die sich mit dem Allgemeinen beschäftigt. »Johann ohne Land ist 1215 hier durchgezogen«: das ist die Geschichte, so wird gesagt: eine Monade oder individuelle Substanz, ein Punkt im Raum, ein Punkt in der Zeit.

Wenn man darunter Individualität versteht, so muß man antworten, daß sich die Geschichte nur ausnahmsweise um solche Individualisierungen kümmert; sie beschäftigt sich selbst nie damit, trotz einiger Erscheinungen wie Ludwig XIV. oder der 14. Juli 1789 in Paris. Meistens spricht die Geschichte von Institutionen, von Bräuchen, Gesellschaften, Wirtschaftssystemen, Rechtssystemen, mentalen Fakten, die nur in einem beschränkten Sinne des Wortes Individualitäten sind; sie sind Aggregate oder Entitäten. Die Geschichte studiert nicht den Menschen in der Zeit: sie studiert Menschen als Materialien, die unter Begriffe gebracht werden. Da es menschliche Materialien sind, beinhalten sie gewiß auch Zeitlichkeit: die Geschichte studiert keine ewigen Wahrheiten. Müßte man aber dann die Astronomie als Wissenschaft der Sterne im Raum definieren, unter dem Vorwand, daß man schlecht begreift, wo diese Körper anders als im Raum zu finden seien? Die Anrufung der Zeit ist tatsächlich nur eine ungeschickte Art, festzustellen, daß die Geschichte das gesamte Inventar der Ereignisse sein muß, die selbst durch die Zeit individualisiert werden.

Die Geschichte ist auch nicht die Wissenschaft von menschlichen Individuen, noch übrigens von Gesellschaften. Wenn sie die Wissenschaft von Individuen im absoluten und nicht im relativen Sinne des Wortes wäre, würde sie das Leben der Bauern unter Ludwig XIV. der Reihe nach schildern, sie würde von der Ehe von Gros-Jean, von Toinon, von Pierrot berichten; sie tut nichts dergleichen, nimmt jedoch als Gegenstand eine paradoxale Individualität wie diese: die Ehe in der Bauernklasse unter Ludwig XIV. Gewiß wird die Geschichte als Gegenstand auch die Ehe des einzigen Ludwigs XIV. haben; nur ist letzterer nicht historischer Gegenstand in seiner Eigenschaft als menschliche Substanz, als letzte und absolute Individualität: er ist es in seiner Eigenschaft als Individualität relativ zur gewählten Problematik, d. h., der politischen Geschichte: als König, nicht als Individuum. Wir müssen uns an die Vorstellung gewöhnen, daß der Begriff der Individualität relativ ist. Zwar besitzt er, wie Pariente sagt, einen letzten Grad, nämlich die Personen oder auch die raum-zeitlichen Daten. Aber die Geschichte befaßt sich niemals mit diesem letzten Grad: wenn es vorkommt, daß sie von einer königlichen Person oder einer Schlacht spricht, die an einem gewissen Ort und Tag stattgefunden hat, dann, weil gewisse Menschen, relativ zur politischen Geschichte, eine entscheidende Bedeutung haben, und weil gewisse Augenblicke gewaltige und unumkehrbare Konsequenzen haben; man nennt diese Augenblicke »Ereignisse«, in dem Sinn, den dieses Wort in den Zeitungen und bei den traditionellen Historikern hat. Diese sehr momentanen Ereignisse sind die falsche Ausnahme, die die Regel bestätigt. Die Geschichte erinnert an die Karten der historischen Geographie, auf denen Frankreich unter Ludwig XIV. im Maßstab 1:1 000 000 dargestellt ist; aber in einer Ecke der Seite hat man, in einem kleinen Kasten, den Plan von Versailles und seiner Umgebung auf 1:1000 vergrößert. Die Geschichte fertigt diese Karte jedoch niemals in der wahren Größe an, von der ein Märchen bei Borgès erzählt und deren Oberfläche der des dargestellten Landes gleichkäme. Die Geschichte ist nicht die Wissenschaft des Konkreten; eine Schlacht, ein König als König sind bereits Abstraktionen; eine Gesellschaft ebenfalls: man kann die Gesellschaft nicht wie eine Landschaft photographieren.

Die Geschichte kann definiert werden als explikatives Inventar, nicht von Menschen und Gesellschaften, sondern vom Sozialen im Menschen, oder genauer, von den Unterschieden, den dieser soziale Aspekt beinhaltet. Es genügt, zum Beispiel, daß sich die Farbwahrnehmung von einer zur anderen Gesellschaft unterscheidet (in den Augen der Griechen war das Meer violett); *ipso facto* werden die Farben ebenso zur Geschichte gehören wie zur Psychologie; manchmal bestehen diese Unterschiede in Ereignissen, im geläufigen Sinn des Wortes, und heißen Vergil, Augustus oder Aktium; das ist eher eine besondere Konsequenz als die Regel.

Meine Damen und Herren, fassen wir zusammen und kommen wir zum Schluß. Der Geschichte wohnt die Wissenschaftlichkeit inne; sie kann nicht reine Gelehrsamkeit sein; es gibt naive Erzählungen, aber es gibt keine reine Erzählung; zu sagen, daß die Punischen Kriege Kriege waren, heißt bereits, den Fuß unvorsichtigerweise auf vermintes Gelände zu setzen, d. h., das der Theorie der internationalen Beziehungen. Im übrigen ist die Geschichte eine Wissenschaft der Unterschiede, der Individualitäten, aber diese Individualisierungen sind relativ zur gewählten Art; sie schwanken zwischen Individuen wie »Athen« und »die griechische Stadt« und selbst »die antike Stadt« im allgemeinen.

So sind also das Einzelne und das Allgemeine keine Absoluta.

Wie kann sich die Geschichte dann, als Erkenntnis des Besonderen in einem relativen Sinn, noch von der Soziologie abheben, selbst eine Wissenschaft des Allgemeinen in einem nicht weniger relativen Sinn? Wenn man die antike Stadt studiert, betreibt man Geschichte oder Soziologie? Versuchen wir zum Schluß auf diese Frage zu antworten. Es existieren mehrere Ebenen der Allgemeinheit, jeder dieser Ebenen entspricht eine Wissenschaft, und die Gegenstände dieser Wissenschaft sind Spezialfälle nur relativ zur Wissenschaft des übergeordneten Niveaus.

So ist es mit der Geschichte und der Soziologie. Zum Beispiel sind die Punischen Kriege in den Augen eines Historikers ein Gegenstand, der der historischen Wissenschaft zufällt. Dagegen sind dieselben Kriege, in den Augen eines Soziologen, der sie genau auf die gleiche Art erklärt, nur noch ein Beispiel; sie dienen ihm zur Illustration für einen der Soziologie eigenen Gegenstand, nämlich die Theorie selbst. Wir sehen: in dem einen wie dem anderen Fall ist die Erklärung des Krieges identisch; es gibt keine historische Erklärung, die von der soziologischen Erklärung abwiche; es gibt nur ein und dieselbe Erklärung, nämlich die wahre, d. h., die wissenschaftliche Erklärung. Der Historiker und der Soziologe werden genau die gleiche Seite schreiben; nur werden sie davon unterschiedlichen Gebrauch machen. Für den Historiker ist diese Seite das Ziel seiner Arbeit; für den Soziologen ist sie nur ein Mittel, um durch ein Beispiel die Theorie des Krieges zu illustrieren, die sein eigentliches Ziel ist. Wichtige Konsequenz: der Soziologe ist nicht gehalten, alle Beispiele zu zitieren; er wird höchstens zwei oder drei anführen. Dagegen ist es das Geschäft des Historikers, das vollständige Inventar aufzunehmen; für ihn sind zwei Kriege keine unnütze Wiederholung, selbst wenn sie begrifflich identisch sind. Wenn er anhand von fünf oder sechs Variablen ein Modell der Monarchie kraft subjektiven Rechts aufstellt, reicht es ihm nicht, als Beispiele Rom und das Königtum des Ancien Régime anzugeben; es wird auch von Äthiopien die Rede sein müssen, da die äthiopische Monarchie existiert hat. Die äthiopische Geschichte wird also ihre eigenen Spezialisten haben, die sie schreiben; sie werden vielleicht das gleiche sagen wie der Soziologe, wenn er auf den Gedanken verfällt, davon zu sprechen; immerhin werden sie von dieser Geschichte sprechen.

Das hat eine amüsante Konsequenz: es ist leicht, Geschichte und Soziologie auseinanderzuhalten; dagegen ist es oft unmöglich, ein Geschichtsbuch und ein Soziologiebuch auseinanderzuhalten; diese Unmöglichkeit erlaubt es sogar, eine gute historische Monographie zu erkennen, zum Beispiel *Le Phénomène Bureaucratique* von Michel Crozier: ist dieses Buch eine Soziologie der Verwaltung, die anhand eines historischen Beispiels – die französischen Bürokraten – veranschaulicht wird? Oder ist es eine Geschichte der französischen Bürokraten, die anhand einer Soziologie der Verwaltung erklärt wird? Wer kann das sagen; und man könnte wetten, daß der Autor selbst keine Ahnung hat; es gibt kein schöneres Lob. Das impliziert auch, daß ein Historiker das Glück haben kann, selbst soziologische Entdeckungen zu machen; er bastelt selbst die Soziologie, die er braucht, wenn er sie nicht bereits entdeckt vorfindet.

Es kommt noch besser: wenn zwischen der Geschichte und der Soziologie ein Unterschied bestehen bleibt, dann ist der Grund nicht, daß letztere vom Allgemeinen spricht, während erstere die Wissenschaft vom Einzelnen ist und sich niemals wiederholt, der wirkliche Grund liegt genau im Gegenteil. Nehmen wir tatsächlich an, daß die Geschichte sich nicht wiederholt und daß jedes Ereignis eine Art für sich sei, wie jeder Engel beim Hl. Thomas: in diesem Fall würden Geschichte und Soziologie dieselbe Inhaltsangabe teilen und fielen zusammen; es hätte in der Welt nur eine Monarchie kraft subjektiven Rechts gegeben, zum Beispiel Äthiopien. Die Art mit dem Namen »lokaler Präventivkrieg, den man nicht zu verlieren braucht, um durch Ermüdung des Gegners eine Grenzberichtigung zu erzwingen, die dann einen Isolationismus schafft, der einen unbegrenzten Konflikt verhindert, der positiv durch knock-out zu gewinnen ist«, würde durch einen einzigen Krieg über die Jahrhunderte dargestellt, nämlich durch den ersten Punischen Krieg. Das Phänomen »die Stadt als Mittel der Maximalisierung wechselseitiger Beziehungen einer

Klasse von Notablen mit Grundbesitzeinnahmen« würde es nur in einer Ausführung geben, nämlich China (es sei denn Rom oder das neuzeitliche England). In diesem Fall könnte man diese Phänomene unterschiedslos nach der Reihenfolge der Gründe, der Zeiten ... oder nach alphabetischer Reihenfolge ausbreiten. Wenn die Geschichte sich nicht wiederholte, würden Geschichte und Soziologie dem Umfang wie dem Inhalt nach übereinstimmen, die historische »Performanz« wäre nicht umfangreicher als die theoretische »Kompetenz«; nichts würde sich unnütz wiederholen, denn alles wäre einmalig. Aber so ist es nicht. So scheint es, daß die Geschichte sich von der Soziologie nur aus dem einzigen Grund unterscheidet, daß sie sich wiederholt.

Wir können der Geschichte also den Namen Wissenschaft zurückgeben. Sie ist, so sagten wir, ein vollständiges explikatives Inventar der Individualitäten auf ihrer Ebene, denn es gibt mehrere Ebenen der Individualisierung. Aber das kann man von einer beliebigen Wissenschaft sagen, angefangen bei der Physik. Denn auch die Physik strebt danach, die Fakten ihrer Ebene zu erklären; »sie« zu erklären besagt, sie alle zu erklären; kann man sich vorstellen, daß ein Physiker beschließt, daß seine Wissenschaft sich nicht um dieses oder jenes Phänomen kümmert?

Eine gewisse Art von Erkenntnistheorie klammert sich zu Unrecht an zwei Vorstellungen: daß die Wissenschaft ein Gesetzeskorpus sei oder danach strebe, und daß die historischen Fakten Einzelerscheinungen seien, die dem Allgemeinen entgegenstünden. Aber es ist falsch, daß die Physik ein Korpus von Gesetzen ist oder wenigstens, daß sie nur das ist; und in dem Maß, wie sie ein Gesetzeskorpus ist, liegt das nicht an ihrer Wissenschaftsnatur, sondern an einer Besonderheit der Individualitäten ihrer Ebene: die physikalischen Phänomene können geschlossene Systeme bilden. Es bleibt wahr, daß die Physik als Wissenschaft ein explikatives Inventar dieser Phänomene ist, und zwei Phänomene sind für sie keine Wiederholung, nur weil sie unter ein und dasselbe Gesetz fallen. Zum Beispiel wird die Physik nicht auf die Kenntnis der Maxwellschen Gleichungen reduziert; sie besteht auch in der Kenntnis der Existenz, so unterschiedlicher Phänomene wie Elektrizität, Magnetismus und Licht, obwohl diese unterschiedlichen Phänomene ebenfalls unter besagte Gleichungen fallen. Dennoch stellen sie keine Wiederholung dar, und schließlich wäre es möglich, daß der Magnetismus nicht existiert. Als Erkenntnis der unterschiedlichen physikalischen Differenzen gilt die Physik nichtsdestoweniger als Wissenschaft. Auf gleiche Weise ist die Geschichte, als explikatives Inventar der sozialen Unterschiede, eben dadurch die Wissenschaft der sozialen Unterschiede.

Denn man darf es nicht wie Rickert oder Windelband machen; man darf nicht das Besondere und das Allgemeine absolut gegenüberstellen und eine Dichotomie konstruieren: auf der einen Seite die Gesetzeswissenschaften oder Nomographie, auf der anderen Seite die Erkenntnis der Individualitäten oder Idiographie. Diese zweigliedrige Klassifizierung könnte vorteilhaft durch eine Klassifizierung nach Ebenen abgelöst werden, denn auf ihrer Ebene vereint jede Wissenschaft die beiden Prinzipien: erklären und alles erklären. Die Unterschiede werden erst auf der höheren Ebene irrelevant. Es ist gesagt worden: die Physik beschäftigt sich mit dem Fall von Körpern und setzt sich über den Fall einzelner Körper – daß jedes Blatt jeden Herbst vom Baum fällt – hinweg, während die Geschichte sich mit Einzelfakten beschäftigt. Das ist ein Fehler: was dem Fallen jedes Blattes entspricht, ist nicht das historische Ereignis, zum Beispiel die Ehe im 17. Jahrhundert und in jedem anderen Jahrhundert, sondern die Ehe jedes einzelnen Subjekts unter Ludwig XIV.; aber darum kümmert sich die Geschichte nicht mehr, als die Physik sich mit einzelnen fallenden Körpern beschäftigt.

Daß die Individualisierung der historischen Fakten *sui generis* existiert, hat alles durcheinandergewirbelt: sie verdankt sich einer bestimmten abstrakten Zeitlichkeit, was zu Unrecht glauben machte, daß die Geschichte die Erkenntnis raum-zeitlicher Individualisierungen sei, also des Konkreten, des Wahrnehmungsflusses! Es wurde übersehen, daß die historische Zeitlichkeit eine

Konstruktion mit variablem Maßstab ist, der wie ein Filter wirkt; jede Problematik hat ihre Zeitlichkeit, die ministeriellen Krisen oder die ministerielle Instabilität insgesamt.

Ob es sich um Phänomene, Arten oder Ereignisse handelt, die Frage ist dieselbe und scheint aktuell zu sein: was ist individuell? Ist es der Fall der Körper und die Ehe unter Ludwig XIV. oder jeder einzelne Fall und jede einzelne Ehe? Ein kapitales Problem für die Erkenntnistheorie (»es gibt nur die Wissenschaft vom Allgemeinen«) und den Status der Geschichtswissenschaft, sofern diese wenigstens aufhört, sich für die Schilderung der Evolution der Völker oder Zivilisationen zu halten und sich als Anwendungsfeld der moralischen Wissenschaft akzeptiert. Die Ontologie von Kollektiven ist auch ein soziologisches Problem: gibt es die französische Bourgeoisie, oder gibt es nur Bürger und Franzosen? Das ist schließlich das, was Strukturalismus genannt wird: ist der Mensch etwas anderes als der Knotenpunkt von Netzwerken, die ihn formen? Ist er ein willkürlich zerteilter Gegenstand, ähnlich den Konstellationen im Sternenbild? Solche Dilemmas wirken nicht mehr störend, wenn man zugibt, daß Einzelnes und Allgemeines nicht objektiv existieren, daß es keine Individuen im absoluten Sinne gibt, sondern nur Individualisierte, in Bezug auf jeweils eine gewählte Ebene.

Daraus ergibt sich, daß sogar die Beziehung zwischen den Wissenschaften unterschiedlicher Ebenen nach Umfang und Inhalt variiert. Zwischen Biologie und Zoologie ist die Beziehung wahrscheinlich nicht dieselbe wie zwischen Physik und Astronomie. Die Biologie, so scheint mir, behandelt ausschließlich gewisse Eigenschaften von Lebewesen, während die Physik nicht nur Eigenschaften von Himmelskörpern behandelt, sondern von allen Körpern, Sterne oder Pendel. Alles, was zur Geschichte zählt, zählt auch zu den moralischen und politischen Wissenschaften, aber das Umgekehrte gilt nicht: die Farbwahrnehmung interessiert diese beiden wissenschaftlichen Ebenen in verschiedenen Hinsichten, während Asch-Effekt und Sherif-Effekt nur der moralischen Wissenschaft zugehören, die man Psycho-Soziologie nennt; zumindest solange man nicht entdeckt hat, daß diese Effekte sozial und kulturell variieren, wie man es im übrigen voraussehen kann.

Schließlich kann man sich des Gedankens nicht erwehren – wenn Sie mir erlauben, zu spontanen Urteilen überzugehen –, daß in der Geschichtswissenschaft die Fragen, die soziologisch sind, wichtiger sind als die Antworten, die faktisch sind. Zum Beispiel wäre es gewiß wichtig, herauszufinden, ob das Wachstum im Römischen Reich durch das ökonomische Modell von Harrod und Domar erklärbar ist oder durch eine bessere Randverteilung der Ressourcen oder ganz einfach durch Steuererleichterungen; aber ist nicht das Wesentliche, wie immer die Antwort ausfallen mag, das Ausdenken der Frage? Anders gesagt, es ist wichtiger, Ideen zu haben, als Wahrheiten zu kennen; aus diesem Grund bleiben die großen philosophischen Werke, selbst wenn sie an Autorität verloren haben, bedeutend und klassisch. Und Ideen haben, das heißt auch, über eine Topik zu verfügen, sich das, was ist, zu vergegenwärtigen, es zu erklären und zu konzeptualisieren, es der Selbstverständlichkeit, der Fraglosigkeit*, der Selbständigkeit zu entreißen. Es läuft darauf hinaus, der Naivität ein Ende zu setzen und zu begreifen, daß das, was ist, nicht zu sein brauchte. Das Wirkliche ist von einer unbestimmten Zone nichtverwirklichter Möglichkeiten umgeben; die Wahrheit ist nicht der erhabenste Wert der Erkenntnis.

* Deutsch im Original. (Anmerk. des Übers.)

Leben des Trimalchion

Für Simone Solodiloff

So imaginär es auch ist, so verdient dieses Leben doch ernst genommen zu werden. Wir werden den Versuch wagen, Trimalchion als eine reale Person zu betrachten und sein Leben in den Kontext der Epoche einordnen. Das *Satiricon* wird dann als sehr realistisch und typisch erscheinen; es ist ein ausgezeichnetes Geschichtsdokument. Aber man kennt auch Rostovtzeffs These vom kapitalistischen Charakter der Wirtschaft im ersten Jahrhundert des römischen Kaiserreichs und vom Aufstieg der Bourgeoisie. Diese These muß uns auf Anhieb verdächtig erscheinen; im Vergleich zu dem, was wir an der römischen Gesellschaft am unmittelbarsten erfassen, nämlich ihr moralisches Klima, klingt sie psychologisch falsch. Was ich hier zeigen möchte, ist, daß Trimalchions Leben, das Rostovtzeff als Beispiel aufführt, weit davon entfernt ist, seine Theorie zu bestätigen.

Zu Beginn des ersten Jahrhunderts unserer Zeitrechnung wurde ein kleiner Sklave asiatischen Ursprungs (vielleicht ein Sklavensohn oder ein auf dem Misthaufen gefundenes Kind oder vielleicht ein von seinen Eltern verkauftes Kind) nach Rom gebracht; ein großer Grundherr kaufte ihn und machte aus ihm seinen Vertrauten. Sein im Sterben liegender Herr setzte ihn als Erben seines Vermögens und seines Namens ein. Unser Freigelassener (wir befinden uns in der Zeit Neros) verkaufte daraufhin die Liegenschaften seines Erbes und stürzte sich in die Geschäfte, d. h. den Großhandel und Spekulationen aller Art. Da er gut wußte, daß nur *otium* und Boden adeln, verzichtete dieser vorgebliche Bourgeois, sobald er reich geworden war, auf seine Unternehmungen, um die Ländereien zurückzukaufen und fortan als Grundbesitzer zu leben, d. h. wie ein Aristokrat. Doch die hierarchisierte Gesellschaft, in der er lebte, verweigerte ihm das Recht, seine Vergangenheit zu leugnen; von diesem Zeitpunkt an begriff sich Trimalchion als jemand, dessen Zukunft versperrt war; deshalb sollte er seine Vergangenheit in Gedanken leugnen. Der blendende Luxus, den er am Ende seiner Tage ausbreitete, machte aus ihm, in den Augen der Nachwelt, den sprichwörtlichen Typ des Emporkömmlings. Das Wort ist hier fehl am Platz; ein Emporkömmling ist jemand, der tatsächlich ganz oben angekommen ist, während Trimalchion seiner Kaste nicht entrinnen konnte; es gelang ihm lediglich, in die Irrealität zu entfliehen. Das Ende seines Lebens glich einem Traum: ein römischer Geschäftsmann starb, um mit den Merkmalen eines imaginären Aristokraten wieder aufzuerstehen.

Weder Emporkömmling, noch Kapitalist, noch Bourgeois: diese anachronistischen Kategorien verwischen letztlich nur, was die Realität der Epoche an Originellem hervorgebracht hat. Trimalchions Leben war charakteristisch für diese Realität, selbst wenn Petronius den typisierten Realismus bis zur Karikatur steigert. Rückt man ihn in das System der Möglichkeiten und Unmöglichkeiten, durch das er seinen Weg bahnen mußte, so bündelt und widerspiegelt sich in Trimalchion seine Zeit.

1. Vom Sklaven zum Freigelassenen

»Ich bin aus Asien gekommen als ich nicht größer war als dieser Leuchter«, sagt Trimalchion in seinen alten Tagen (*Satiricon*, 75, 10; S. 142–43); und er erzählt, daß er die Gewohnheit hatte, sich an einem Leuchter zu messen und sich »die Lippen mit Öl einzureiben, um schneller Haare am Schnabel zu haben«. In diesem Kind, das nicht schnell genug groß werden konnte, erkennt sich Trimalchion mit rühriger Selbstgefälligkeit wieder, er sieht in ihm die Verheißung seiner Berufung und des »schönen Stück Weges« (77, 3)[1], das er in der Welt zurücklegen wird. Denn unser Mann war durchaus ein Durchschnittstyp; wenn er nicht mit dem eigenartig klarsichtigen, aber abschätzigen und amüsierten Blick des ungewissen Autors des *Satiricon*[2] (auf jeden Fall war der Autor ein großer Herr) gesehen worden wäre, wäre Trimalchion für uns nur eine der Seelen, die »bis zur Schnauze mit Energie geladen« sind, wie Baudelaire von den Balzacschen Helden sagte. Eine Zeitlang scheinen die Kunst des Geldverdienens und der Riecher für die Geschäfte sein Daseinsgrund zu werden. In dieser individuellen Berufung sieht man die Ethik einer neuen Klasse keimen, die nicht die Gelegenheit hatte, sich zu entwickeln; erst ein Jahrtausend später fand sie diese Gelegenheit.

Aber woher kommt dieser kleine Sklave, der es so weit bringen sollte? Von Asien nach Rom gebracht, wird er mit einem Schild um den Hals auf dem Markt zum Verkauf angeboten (29, 3; S. 50). Wie ist er in die Sklaverei gefallen, und welche Erinnerung bleibt ihm an seine Eltern, an sein Vaterland? In der Erzählung, die er aus seinem Leben macht, sagt er nichts darüber und scheint sich nicht dafür zu interessieren. Die Verpflanzung hat sicherlich viel zu diesem Gedächtnisverlust beigetragen. Daß daran etwas Wahres ist, konnte man im letzten Jahrhundert oft bei den nach Amerika verfrachteten Schwarzen beobachten; da sie in der Gegenwart entwurzelt waren, wurde Afrika sehr schnell zu einem toten Andenken für sie; die Zerstörung ihrer Vergangenheit machte aus ihnen Atome ohne soziale Persönlichkeit, die zu einer neuen Existenz bereit waren.[3] Es wird sich aber zeigen, daß ein so ehrgeiziger Mann wie Trimalchion mehr Grund als andere hatte, an seiner Herkunft kein Interesse zu zeigen.

Man kann trotz seines Schweigens Vermutungen darüber anstellen, wie er in die Sklaverei gekommen ist. Schließen wir zuerst den Gemeinplatz vom Sklaven als Kriegsgefangenen und die Hypothese vom Sklavenhandel entlang der Küste aus[4]; Trimalchion, der von seinem Herrn in die *familia urbana* aufgenommen wird, ist kein Barbar, der nur für Feldarbeiten gut wäre; er stammt aus einer alten Provinz im Inneren des Kaiserreichs. Wir können ebenfalls die Hypothese ausschließen, daß er Sklave von Geburt, Sklavensohn war; er wäre wahrscheinlich im Hause seines ersten Herrn geblieben (die *vernae* waren auf natürliche

Weise die Sklaven, für die man die meiste Zuneigung hatte, und sie waren in gewisser Weise Teil der Familie). Bleibt als letzte Quelle der Sklaverei das Elend: Erwachsene, die sich als Sklaven verkauften, ausgesetzte Kinder, von ihren Eltern verkaufte Kinder. Trimalchion muß von einem Sklavenhändler[5] gefunden oder gekauft worden sein, der den kleinen Asiaten auf dem Markt von Rom weiterverkaufte. Es muß vermutet werden, daß mit dem Ende der großen Eroberungen und der Durchsetzung des römischen Friedens Sklaven öfter innerhalb als außerhalb des Kaiserreichs rekrutiert wurden; abgesehen von der Fortpflanzung der Sklaven, war die Rekrutierung eher auf den wirtschaftlichen und demographischen Druck als auf Gewalt, Krieg und Räuberei zurückzuführen. Ich glaube, daß man besonders einer gut belegten Praxis in anderen Epochen eine große Bedeutung zuschreiben kann, nämlich dem Kinderverkauf[6]; obwohl unsere Quellen, die sich kaum für diese Art von Wirklichkeit interessieren, fast völlig darüber schweigen, ist es legitim, dessen Existenz zu postulieren. Das Sklaventum im Kaiserreich entsprach nicht nur einem Bedarf an Arbeitskräften; es war auch Ausdruck des Überflusses der Gesellschaft.

Von einer hohen Persönlichkeit gekauft (die Petronius C. Pompeius tauft, um alten Adel »zu zeigen«, wie Prousts Familie Iéna Reichsadel zeigt), treffen wir Trimalchion in der *familia urbana* wieder – und nicht auf den Feldern, von wo er so gut wie keine Chance gehabt hätte wegzukommen; man lud eben nicht die Kosten für einen asiatischen Sklaven auf sich, um ihn anschließend den Boden beackern zu lassen. Trimalchion blieb also unter der Dienerschaft seines Herrn. Das Klima, das in einer *familia urbana* herrschte, war nicht eben vom Kampf zwischen Herr und Sklave bestimmt. Die Erinnerungen, die die alten Sklaven im *Satiricon* wachrufen, erlauben uns, einen Einblick zu gewinnen. Innerhalb der engen Gruppe, die aus Patron und Domestiken bestand, waren die menschlichen Beziehungen nicht unpersönlich; es stellte sich ein Abhängigkeitsverhältnis her, das gelebt und akzeptiert wurde; es bestand aus totaler Unterordnung und einer Quasi-Intimität, die beide durch ein System der Etikette geregelt waren. Die Existenz des Herrn (*ipsimus*, wie die Sklaven ihn in einem Superlativ mit rührender Unterwürfigkeit nennen) wurde mit der gleichen Selbstverständlichkeit hingenommen, wie die Gegebenheit der Naturdinge; seine Sklaven waren stolz auf ihn, sie nahmen an seinem Ruhm teil, er war die einzige Quelle ihrer Würde. Sie betrachteten sein Leben mit einer Mischung aus Respekt, Komplizenschaft und rachesüchtigem Spott, der Diener zu Voyeuren ihres Herrn machte. Das schloß einen gelegentlichen Wutausbruch gegen einen harten und verachteten Patron nicht aus; aber es handelte sich dabei um eine persönliche Rache, also um eine nicht weniger persönliche Form der Beziehung, durch die der Sklave an den Herrn gebunden war. Diese Beziehung kam jedoch häufiger durch eine sprichwörtliche Treue zum Ausdruck, wie bei der Dienerschaft von einst, oder durch eine blinde und vollkommene Ergebenheit, wie sie ein Bauer aus der Vendée für seinen Grundherrn empfand (durch die Bewaffnung ihrer *familia rustica* stellten die Granden faktisch persönliche Armeen auf, die ihnen zu Diensten standen).

Darüber hinaus war die kleine Welt der Dienerschaft nach einer Funktionshierarchie organisiert; den Ehrgeizigen, die danach strebten, die guten Plätze innerhalb des ihnen vorgegebenen Rahmens zu erobern, stand eine Laufbahn offen. »Ich habe mir immer Mühe gegeben, es meinem Herrn recht zu machen. Das war ein vornehmer und geachteter Mann«, erzählt ein ehemaliger Sklave; »auch in seinem Haus gab es immer welche, die mir ab und zu ein Bein stellen wollten, trotzdem bin ich – seinem Genius sei gedankt – immer heil durchgekommen.« (57, 10; S. 102). Das gilt auch für Trimalchion. Dieser ehrgeizige und intelligente Knabe fällt seinen Herren bald auf; man läßt ihm eine praktische Unterweisung angedeihen, läßt ihn lesen und rechnen lernen (29, 4; S. 50). Schnell klettert Trimalchion die Stufen der Sklavenhierarchie empor, bis zur alleralobersten Stufe: er wird Schatzmeister oder *dispensator* seines Herrn (29, 4; S. 50). Das ist der Höhepunkt seiner Laufbahn; von nun an geht es für ihn nicht weiter, es sei denn er streift das Sklavengewand ab.

Seine Geschichte ist banal und wäre schon allein durch das Eigeninteresse des Herrn erklärt. Es war gang und gäbe, die begabten Sklaven unterweisen zu lassen, um sie auf übergeordnete Aufgaben im Haus vorzubereiten, um billig qualifizierte Diener zu bekommen. Ich kann mir vorstellen, daß das auch eine Frage der Ehre war; alles von ihren eigenen Kreaturen machen zu lassen, alles aus den eigenen Quellen zu schöpfen, in allem selbstgenügend zu sein, war das Ideal der adligen Familien. Darüber hinaus ziemte es sich für die geistige Erbauung und Macht solcher Familien, die verdienstvollen unter ihren Dienern zu fördern und deren Geschick zu lenken. Das konnte so weit gehen, daß man gegenüber einem talentierten Sklaven zum wahren Mäzen wurde. Zu jener Zeit wählten die Reichen, die sich um die Zukunft armer und begabter Kinder sorgten, wie es zu allen Zeiten vorkommt, diese nicht aus dem Volk, sondern weiter unten und näher, aus ihren Sklaven. Dadurch hatten die Sklaven (wenigstens diejenigen der *familia urbana*) im großen und ganzen größere Aufstiegschancen, als die Angehörigen der Klasse, die unter ihnen stand, die freie Plebs. Dieses Paradox des verkürzten sozialen Aufstiegs ist in unterschiedlichen Formen in jeder Gesellschaft anzutreffen, in der Abhängigkeit und Klientel eine große Rolle spielen.

Die Aufstiegschancen konnten zur Entlassung aus dem Sklavenverhältnis und einer ziemlich hohen Plazierung auf der sozialen Stufenleiter führen: das hing zuerst davon ab, wie hoch die Position des Patrons selbst war. Der soziale Aufstieg konnte sich auch vollständig innerhalb des Sklavenverhältnisses abspielen und fiel dennoch nicht bescheidener aus; als *dispensator* seines Herrn ist Trimalchion der Schatzmeister eines großen Grundherrn und hat in der Gesellschaft einen Platz inne, um den viele ihn beneiden konnten. Noch beneidenswerter war, daß ein *dispensator* des Kaisers ein Amt leitete, in dem ein Team von Sklaven-Beamten seinem Befehl unterstand; er war Herr über die Finanzen einer ganzen Provinz und entzog sich der Autorität der Statthalter. Das war die Situation des kaiserlichen Sklaven. Wie kam der Sklavenstatus für diesen hohen Beamten praktisch zum

Ausdruck? Einzig dadurch, daß er im Fall der Veruntreuung öffentlicher Gelder als Sklave gefoltert werden konnte. Wenn vom Sklaventum der Kaiserzeit die Rede ist, darf nicht vergessen werden, daß die Knechtschaft keine soziale Lage, sondern ein juristischer Status war; und vom Recht zur Wirklichkeit kann ein weiter Weg führen; weder die juristische Definition des Sklaven, noch die des Freien entschied über ihre eventuelle wirtschaftliche Unterdrückung.

Umgekehrt ist es weit von der juristischen und formellen Freiheit bis zur wirklichen Freiheit. Das Schicksal eines als Halbpächter belehnten Sklaven, der gegen Zahlung einer jährlichen Abgabe auf seine eigenen Füße gestellt war oder einer *familia urbana* angehörte, war nicht schlechter als das Schicksal eines freien Halbpächters, der jedoch wie fast alle anderen durch rückständige Zahlungen *(reliqua colonorum)* gebunden war. Es war auch nicht schlechter als das Schicksal eines Klienten, der von den Sporteln seines Patrons lebte, oder das Schicksal eines kleinen Eigentümers, der durch die Schuldenlast von einem mächtigen Nachbarn erdrückt wurde. Sie waren alle freigeboren, konnten jedoch von ihrer Freiheit keinen Gebrauch machen. Anders sah dagegen der Handlungsspielraum eines Sklaven aus, der von einem Großhändler zur Führung eines seiner Geschäftszweige beauftragt war, den er nach eigenem Gutdünken, unter der fernen Verantwortung des Herrn, leitete. Der Aufbau der römischen Gesellschaft ist komplizierter als eine banale Klassenpyramide. Die Schranke der Geburt, die die Sklaven oder ehemaligen Sklaven von den Freigeborenen trennte, verlief nicht horizontal, sondern vertikal; jede Stufe der Leiter, auf der die Freien angeordnet waren, hatte ihr Äquivalent auf einer Parallelleiter der Sklaven und Freigelassenen, die jedoch (das ist ein wichtiger Punkt) einige Sprossen weiter unten standen. Darüber hinaus waren die Sklaven auf den unteren Stufen verhältnismäßig zahlreicher als die Freien. Um auf eine sehr formale Analogie zurückzugreifen, denke man an die Situation der Schwarzen in der amerikanischen Gesellschaft, vom *boy* bis zum farbigen Millionär, die von den Weißen durch eine Rassenschranke getrennt sind.

Ebenso bestand zwischen einem angeketteten ländlichen Sklaven und einem hochfliegenden kaiserlichen Freigelassenen, der eine Art Premierminister war, ein gewaltiger Abstand, der ebenso groß wie die Kluft, die einen freien Saisonarbeiter vom Kaiser trennte, war. Hier liegt die Besonderheit des römischen Sklaventums in der Kaiserzeit: die Stufenleiter der unfreien Lebensverhältnisse dehnte sich am Rande der Gesellschaft aus, wobei jedoch jede Stufe gegenüber der Hierarchie der Freien nach unten verschoben war, denn darin kam der Makel der verknechteten Geburt zum Ausdruck.

Trimalchion hat diese Stufenleiter der unfreien Verhältnisse fast vollständig durchlaufen. Mit dem Amt des *dispensator* hatte er die Spitze der Sklavenhierarchie erreicht. Dann trennte sich dieser künstliche Meteor von seiner Trägerrakete und setzte alleine seinen Aufstieg auf einer parallelen Flugbahn fort, die er nicht mehr verlassen sollte.

»[...] ich erwarb das Wohlwollen meines Herrn. Was soll ich viel erzählen? Er machte mich zum Miterben des Kaisers, ich erhielt ein patrizisches Vermögen.« (76, 1–2; S. 143). Wir hören in diesen wenigen Zeilen vom Tod des Herrn, von der Freilassung des Trimalchion und von seinem plötzlichen Vermögen: etwa dreißig Millionen Sesterzen (71, 12; S. 134; 76, 4; S. 143). Da er nach dem Brauch den Gentilnamen seines Herrn annimmt, wird Trimalchion[7] zum Freigelassenen C. Pompejus Trimalchio Maecenatianus (71, 12; S. 134). Die außerordentliche Karriere, die er jetzt einschlägt, ist anfangs aus der Rolle der Abhängigkeitsbande in der römischen Gesellschaft erklärbar: wir werden darauf zurückkommen. Es kommen auch scheinbar anekdotische Elemente hinzu, die man jedoch ernst nehmen muß.

»Übrigens wurde ich mit Hilfe der Götter bald Herr im Hause; seht ihr, ich erwarb das Wohlwollen meines Herrn.« (76, 1; S. 143) Es ist die banale Geschichte eines Sklaven oder Freigelassenen, dessen Herr ihn schließlich seiner Familie, seinen Standesgenossen, seinen natürlichen Vertrauten aus dem einfachen

Grunde vorzieht, daß er ihn als Sklaven ausgesucht hatte, daß er zu seiner vertrauten Umgebung zählte und weil er in ihm sein Geschöpf sah (38, 12; S. 65; 43, 6; S. 74). Dies war eine der sprichwörtlichen Fatalitäten, die die Epoche beklagte.[8] Der kaiserliche Hof, an dem der Prinz seine Freigelassenen den Senatoren, seinen Standesgenossen, vorzog, spiegelt auf höherer Ebene die gleiche Situation wider.

Auch über einen anderen Umstand darf man nicht so schnell hinweggehen. Trimalchion hält es nämlich für angebracht zu präzisieren: »[...] ich war vierzehn Jahre der Liebling (deliciae) meines Herrn. Was der Herr befiehlt, kann niemals eine Schande sein. Natürlich habe ich auch die Herrin zufriedengestellt.« (75, 11; S. 143; 69, 3; S. 126) Diese beiden Gesichtspunkte der erotischen Literatur stehen sehr gut im Einklang mit den Sitten der Zeit und könnten mit zahlreichen Beobachtungen belegt werden[9], obwohl sie sicherlich nicht alles erklären. Das Klima von Unterordnung und Intimität, in dem Herren und Sklaven lebten, reicht als Erklärung dieses Sachverhalts aus und macht die Sache harmlos; es ist daran zu erinnern, daß die Geschlechtsbeziehungen, die durch fehlenden Rassismus gefördert wurden, ebensogut zwischen Sklave und Herrin, wie zwischen Herrn und Sklavin stattfanden. Für die Römer gehörte die Liebe, wie heutzutage für die Japaner, zum Bereich kleinerer Befriedigungen und war Gegenstand von Witzeleien; sie wurde aus dem Kreis der ernsthaften Dinge, wozu die ehelichen und familiären Beziehungen zählten, ferngehalten. Im übrigen ist hinreichend bekannt, daß Sexualität ambivalent und Kultur nicht Natur ist und daß, wie Proust sich ausdrückte, einen Liebling zu haben, aufzuziehen und zu bilden damals dem heutigen Aushalten einer Tänzerin gleichkam; seinerseits Herr geworden, ist es folglich für Trimalchion Ehrensache, derlei aristokratische Vorlieben zu teilen (64, 5; S. 115; 67, 11; S. 122; 74, 8; S. 138).

Aber lassen wir die Anekdote auf sich beruhen (obgleich die Verbindung zwischen Päderastie und Erziehung althergebracht und institutionalisiert war).[10] Hinter den schlüpfrigen Prahlereien des Trimalchion ist etwas anderes zu vermuten. Man war sehr häufig darum bemüht, bei den *deliciae* oder *pueri delicati*[11] eine Schutzfunktion auszuüben oder, wie von einem Sohn zu gewinnen, ihre Zuneigung. Eine eigenartige und damals[12] sehr verbreitete Praxis waren die Verwandtschaften des Herzens, die sich zur richtigen Vaterschaft oder zur Adoption wie das Konkubinat mit der Freigelassenen zur richtigen Hochzeit verhielten. Sie hatten etwas von einer ›wilden Vaterschaft‹, mit der Biegsamkeit und Zweideutigkeit, die Wahlverwandtschaften ohne Verpflichtung und gesetzliche Bestätigung auszeichnen. Eine große Zahl von Grabsteinen berichtet, oft in rührenden Worten, von den kleinen Sklaven beider Geschlechter (oft gefundene Kinder, *alumni*), die von einem Herrn oder einem Herrn und einer Herrin wie ihre eigenen Kinder umhegt und aufgezogen wurden und die ihnen eine Erziehung für Freie *(artes ingenuae)*[13] zugute kommen ließen, oder bescheidener, eine nutzbringende Erziehung, die Beschützer wie Schützling dienlich sein konnte. So handelte auch einer der Freigelassenen des *Satiricon* für seinen *puer delicatus*; aber lassen wir ihn selbst zu Worte kommen (der Stil klassifiziert den Mann): »Jetzt habe ich dem Jungen ein paar Paragraphenbücher gekauft, denn ich möchte, daß er für den Hausgebrauch auch in Rechtsdingen ein wenig Bescheid weiß. Die Sache hat immer ihr Brot. Von den brotlosen Wissenschaften weiß er mehr als genug. Wenn er abspringt, soll er ein Handwerk lernen; entweder Barbier oder Auktionator, oder wenigstens Advokat. Das könnte ihm dann nur der Tod nehmen. Ich predige ihm deshalb jeden Tag: ›Was Du lernst, mein Sohn, das lernst Du nur für dich.‹« (46, 7; S. 82–83).

Trimalchion war nicht nur der *dispensator* seines Patrons (Petronius überdeterminiert seine Geschichte und wirft mehrere typische Fälle in einen Topf). Er übte bei seinen Herren auch die Rolle eines Sohnes aus, die sie nachweislich nicht hatten[14]. Beim Tode des Patrons erbt er dessen sagenhaftes Vermögen. Wenn Trimalchion nicht der erste unter seinen Freigelassenen gewesen wäre, hätte der Herr ihm nur die kleine Rente gelassen, die man nach den Regeln des Anstands und der Zuneigung einem lebenslangen Diener vererbte; das Vermächtnis an Freigelassene war

Tradition in den Testamenten und zahlreiche Beispiele finden sich in den *Digesten*. Dank seiner Rolle als *alumnus*, als *puer delicatus*, erhält er fast das gesamte Vermögen seines Patrons. War das der Einfall eines von seinem ersten Diener eingenommenen Herrn (vgl. 43, 5; S. 74) oder ganz einfach eine erotische Geschichte, die Petronius zu seinem Vergnügen erfand? Ja und nein; wie immer im *Satiricon* ist die possenhafte Anekdote hier ein Grenzfall, der eine Zeittendenz deutlicher aufzeigt.

Man muß bedenken, daß sich die großen Persönlichkeiten bei der Wahl eines Günstlings kaum mit Fragen der Herkunft aufhielten; selbst wenn ihr Schützling von niedrigster Geburt war, genügte die Gunst, die sie ihm zu bezeugen geruhten, um ihn zu erheben. Und sie zögerten nicht, ihn mit Geschenken zu überhäufen, wenn ihnen der Sinn danach stand (nicht anders verhielten sich die Kaiser selbst). Es folgt die Grabschrift eines Freigelassenen und ehemaligen *dispensator* eines Konsuls, der unter Tiberius lebte; sie wurde vom Patron selbst verfaßt: »Marcus Aurelius Zosimus, Freigelassener von Marcus Aurelius Cotta Maximus und Apparitor seines Herrn. – Zugegeben, ich war ein Freigelassener, doch wer diese Verse liest, wird erfahren, daß mein Schatten geadelt worden ist, weil ich Cotta als Patron hatte; Cotta, der mir in seinem Wohlwollen ein Vermögen gab, das mehrmals das eines Ritters übersteigt, der wollte, das ich Kinder hatte, damit er sie aufziehen konnte, vertraute mir immer die Verwaltung seiner Reichtümer an; er gab meinen Töchtern eine Aussteuer, als sei er ihr Vater und hat meinen Sohn Cottanus zur Würde eines Militärtribunen zu Pferde erhoben, eine Würde, die Cottanus tapfer in der kaiserlichen Armee erfüllte. Was hat mir Cotta nicht gegeben? Er ist es, der in seinem Schmerz jetzt diese Verse geschrieben hat, damit man sie auf meinem Grab liest.«[15]

Es gab gegebenenfalls um so mehr Grund, einen Freigelassenen wie einen nahen Verwandten zu behandeln, als man daran gewöhnt war, daß die Familiengrenzen (im strengen Sinn des Wortes: es ist hier nicht von der antiken patriarchalischen *familia* die Rede) nicht mit den biologischen Grenzen übereinstimmten; von *pueri delicati* und *alumni* einmal abgesehen, ist die Häufigkeit von Adoptionen, die allgemein dazu dienten, das Verlöschen des Namens zu verhindern, ein Hinweis darauf. Auch andere Zivilisationen kannten Ersatzverwandtschaften. Kurz, wo wir seit dem germanischen Mittelalter »Blut« sagen, sagte die römische Antike »Name«. Denken wir an die Familiengräber, in denen nebeneinander die Eltern, die Kinder und die Freigelassenen mit ihren eigenen Nachkommen beigesetzt waren, und zwar unter Ausschluß jeder anderen Person, »damit das Grab den Namen behält«.[16] Oder denken wir an den Patron, der uns aus den *Digesten* bekannt ist, der seinen Freigelassenen Liegenschaften vermachte, »unter der Bedingung, daß diese Liegenschaften den Namen behalten«, *ne de nomine suo exirent*.[17] Denn die Freigelassenen, die bei ihrer Freilassung den Gentilnamen ihres Herrn übernahmen, traten in ihrer Eigenschaft als Eltern zweiten Grades in die Familie ein (ein wenig wie in anderen Epochen die Bastarde, in denen väterliches Blut floß). Mangels natürlicher Nachkommen war es ein Trost zu wissen, daß es wenigstens diese Aushilfsverwandtschaft gab: so verflüchtigte sich nicht der Name. Als er sein Vermögen seinem bevorzugten Freigelassenen vermachte, konnte sich Trimalchions Patron sagen, daß dieser schließlich der letzte sei, der seinen Namen weiterführte, und daß die so vermachten Güter »den Namen behielten«.

Durch das Testament, mit dem er Trimalchion als fast alleinigen Erben einsetzte, machte der Herr ihn natürlich auch zum Freigelassenen, wobei er auf die Prozedur der *manumissio testamento* zurückgriff. Die letzte Etappe in der Laufbahn des Trimalchion, vor dem Tod seines Herrn, war das Amt des *dispensator*. Nun waren die Schatzmeister immer Sklaven, so daß im Falle der Veruntreuung von Geldern die Herren fast uneingeschränkte Strafmaßnahmen gegen sie anwenden konnten (vgl. 45, 8; S. 78). Umgekehrt wird Trimalchion beim Tod seines Herrn zwangsläufig freigelassen, denn ein Testator konnte seinen eigenen Sklaven nur als Erben einsetzen, wenn er ihm zur gleichen Zeit die Freiheit gab; diese beiden Verfügungen sollten gleichzeitig ihre Wirkung tun: *Trimalchio servus meus liber heresque esto*. Die Freilassung durch Testament war eine sehr verbreitete Praxis; die *Digesten* und die Grabsteine geben uns darüber reichhaltige Auskunft. Dem Brauch zufolge sollten die Herren bei ihrem Tod eine gewisse Anzahl von verdienstvollen Sklaven freilassen (71, 1; S. 130). Dahinter stand natürlich der Wunsch, zwar Trauer, aber kein Bedauern zurückzulassen (42, 6; S. 73) und die zu dieser Zeit so rege Lust an Zurschaustellung und *conspicuous consumption*: die massenhaften Freilassungen waren eine Art von Leichen-Potlatch.[18]

Schließlich stand vor allem der Wunsch dahinter, alte Bedienstete zu belohnen, die ihrem Herrn bis zu seiner letzten Stunde treu gedient hatten; überhaupt wartete man häufig diesen Augenblick ab, um die Sklaven freizulassen. Mit Sicherheit vollzog sich ein Großteil der Freilassungen per Testament; wir werden sehen, welche vielfältigen Konsequenzen das hatte. Außer der moralischen Belohnung, die in der Freiheit bestand, hinterließ man den Freigelassenen etwas zum Leben; ein Grundstück oder *fundus* (71, 2; S. 130), eine Rente *(alimenta)*[19], ein Geschäft *(taberna)*[20] oder eine Geldsumme, falls man dem Haupterben nicht vorschrieb, sie solange zu unterhalten, bis sie ein Handwerk erlernt hatten, das ihnen eine Existenzgrundlage gab[21]; es wurde ihnen auch etwas vermacht, um die Freilassungssteuer oder *vicesima libertatis* zu zahlen (71, 2; S. 130; vgl. 65, 10; S. 119).

Denn an sich war die Freilassung nur eine Formalität, eine notwendige, aber äußerst unzureichende Bedingung der Freiheit. Es handelte sich häufiger um eine symbolische Geste als um ein Ereignis, das das Leben des Sklaven und sein Verhältnis zu seinem Patron wirklich veränderte. So ließ man gerne die alten Sklaven auf ihrem Sterbebett frei (65, 10; S. 119), um ihnen und sich selbst den Trost zu geben, sie als freie Menschen sterben zu sehen. Dagegen bewies Plinius der Jüngere durch seine ›Bereitschaft, seine Sklaven schon zu ihren Lebzeiten freizulassen‹ (vgl. 71, 1; S. 130), seine Herzensgüte. In Wahrheit hatte er dabei nichts zu verlieren: die neu Freigelassenen verließen nicht ihren Herrn und führten weiterhin bei ihm die Aufgaben aus, die sie immer ausgeführt hatten.[22] Die Freilassung war für sie eine Art von Auszeichnung für alte Arbeiter. Wie Santo Mazzarino gut beobachtet hat, hatten die massiven Sklavenfreilassungen im 4. Jahrhundert unter dem Einfluß des Christentums zwar moralische, aber keine ökonomischen Konsequenzen.[23] Das galt bereits für die Kaiserzeit. Auch ließ man gerne frei, wenn die Möglichkeit bestand, daß der Sklave mit seinem *peculium* die Steuer zurückerstattete, die der Herr für die Freilassung zahlen mußte. Oft kaufte der Sklave zur gleichen Zeit seine Sklaven-Gefährtin frei (die daraufhin seinen Namen annahm, der natürlich der des Herrn war), »damit nicht jeder Beliebige seine Hände an ihrem Busen abwischen kann«, wie es ein Sklave im *Satiricon* unverblümt ausdrückt (57, 6; S. 101). Danach blieben beide bei ihrem Herrn und verließen die *familia servilis* nur, um in die *familia libertorum* überzuwechseln.

Das dürfte sehr häufig der Fall gewesen sein. Wohin sollte auch ein Freigelassener gehen, der in einem fortgeschrittenen Alter ins Leben entlassen wurde, ohne anderes Einkommen als sein *peculium*, wenn ihm nach seinem Freikauf noch etwas übrigblieb? Als ländlicher Sklave stieg er zum Grad des Kolonen auf, der von seinem Herrn auf dem Gut belehnt wurde, oder aber er wurde auf einen Intendantenposten *(vilicus)* befördert; er wurde nur freigelassen, damit ihm diese Befehlsfunktion anvertraut werden konnte; der Befehlshaber mußte ein freier Mann sein, um sich bei der *familia servilis* durchsetzen zu können. Als Domestike oder Handwerker blieb er in dieser Funktion im Dienst seines Patrons, der ihn weiterhin ernährte. Manchmal erhob der Herr ihn in ein halb-öffentliches, halb-privates Amt und machte zum Beispiel aus ihm einen Apparitor, wenn er Magistrat war. Wenn der Sklave ein beträchtliches *peculium* zusammengetragen hatte – entweder als Geschäftsmann für das Konto seines Herrn oder als Handwerker, der einer *merces annua* unterworfen war – dann war das einfachste für ihn, diese vorgefundene Situation[24] bestehen zu lassen. Der Herr profitierte auch davon: machte der Freigelassene schlechte Geschäfte, so war er finanziell nicht mehr für ihn verantwortlich, wie er es für den Sklaven gewesen war.

In sozialer Hinsicht bedeutete die Freilassung nichts. Der wirkliche Unterschied war nicht der zwischen Sklaven und Freigelassenen, sondern der zwischen jenen Sklaven und der Mehrheit der Freigelassenen, die bei ihrem Herrn blieben, auf der einen Seite, und einer Minderheit von Freigelassenen, die durch eine Reihe von Faktoren juristisch und ökonomisch von ihrem Patron unabhängig wurden, auf der anderen Seite. Diese Minderheit bildete im ersten Jahrhundert unserer Zeitrechnung die gewinnsüchtige und skandalumwitterte Schicht, die man, zu Recht oder zu Unrecht, als aufsteigendes Bürgertum bezeichnet hat, und die das *Satiricon* zur Legende machte.

Es wird deutlich, was Trimalchion zu einem besonderen Fall macht und durch welche glückliche Fügung seine weitere, glänzende Karriere erklärbar wird: sein im Sterben liegender Herr ist ohne Kinder geblieben; er läßt ihn frei und vermacht ihm Geld. Dieser dreifache Zufall definiert Trimalchion: hier steht er nun, unabhängig, freigelassen und ohne Patron. Er ist ein *libertinus*, ein Freigelassener im Gegensatz zu den Freigeborenen, aber ein *libertinus*, der niemandes *libertus* mehr ist. Trimalchions Herr hätte zum Beispiel zur Auflage machen können, daß die Erbschaft, die er ihm überließ, nur unter der Bedingung wirksam würde, daß sein ehemaliger Sklave akzeptiere, im Dienst seiner Witwe zu bleiben[25]; er hat es nicht gefordert. Wären keinerlei Auflagen gemacht worden, aber hätte er Kinder gehabt, so wäre Trimalchions Unabhängigkeit problematisch geworden. Problematisch, nicht so sehr wegen der kleinen Arbeiten (*operae fabriles*), die die Freigelassenen nach dem Gesetz unentgeltlich für ihren Patron oder dessen Erben auszuführen hatten, wenn sie es verlangt hätten: diese eher symbolische Verpflichtung scheint unverbindlich und gering gewesen zu sein. Sondern weil Trimalchion moralisch in der Abhängigkeit (*obsequium*) von den Söhnen seines Patrons geblieben wäre; diese hätten Druck auf ihn ausüben können, damit er in ihren Diensten blieb. Er hätte sich dem entziehen können, aber zum Preis eines Bruchs; er hatte es nicht nötig. So sehen wir ihn zwar alleine ins Leben entlassen, aber nicht ohne Einkommen, als ein typisches Beispiel der Kategorie von unabhängigen Freigelassenen, von denen wir sprachen; es gilt jetzt, diese Kategorie für sich zu betrachten, um Trimalchion in seine soziale Umgebung zurückversetzen zu können.

2. Die unabhängigen Freigelassenen

Nachdem er Herr über sein eigenes Schicksal geworden ist, stürzt sich dieser ehemalige asiatische Sklave in die Geschäfte, vermehrt sein ererbtes Vermögen und beendet seine Tage, wenn nicht als Emporkömmling, der an die Türen der guten Gesellschaft klopft (diese Rolle wäre seinem Sohn zugefallen), so doch wenigstens sehr reich und als Erster unter den Freigelassenen der Stadt in Kampanien, wo er sich niederläßt. Trimalchion ist ein schönes Beispiel sozialen Aufstiegs. Natürlich stammt weder der Begriff, noch die Idee aus der Antike; aber das Fortbestehen einer Klasse oder Gruppe an sich verhindert nicht die Erneuerung der Individuen, aus denen sie sich zusammensetzt. Eine in ihren Lebensweisen, ihren Auffassungen und Hierarchien statische Zivilisation kann dadurch wahre Mobilität auf einem anderen Wege ausdrücken.

Wenn jedoch von der sozialen Mobilität im Römischen Reich die Rede ist, muß man die ihm sehr eigene Art von Mobilität präzisieren und sozusagen die kollektive von der individuellen Ebene unterscheiden. Im Falle der Freigelassenen kommt das gut in der Redeweise zum Ausdruck, nach der man den *libertinus* – den Freigelassenen im Gegensatz zur Kaste der Freigeborenen – vom *libertus* unterscheidet, d. h., den Freigelassenen in dem besonderen Verhältnis, das ihn an seinen Patron band. Der soziale Aufstieg war keineswegs »demokratisch«, denn er spielte sich auf der zweiten, individuellen Ebene ab und vollzog sich über ein Netzwerk von Abhängigkeiten und besonderen Klientelen. Es handelte sich nicht um eine Möglichkeit, die theoretisch allen offenstand, noch um das Kennzeichen einer Klasse, der der Grund ihres Aufstiegs innewohnte; es war eine Frage des persönlichen Glücks, das immer einen Gönner voraussetzte. In dieser Hinsicht (und noch mehr in anderen Hinsichten, wie wir sehen werden), wäre nichts trügerischer, als den Aufstieg der Freigelassenen mit dem Aufstieg einer Bourgeoisie zu vergleichen. Die Bildung einer Kategorie von unabhängigen Freigelassenen, deren Modell Trimalchion bleibt, hatte ökonomische Konsequenzen: nachdem er sein eigener Herr geworden ist, mausert sich Trimalchion zum Kapitalisten. Aber sie hatte keine ökonomischen Wurzeln. Sie verdankt sich einer Art von Betriebsunfall, von »Rissen« im kapillaren System der Abhängigkeiten. Vorbedingung der Beförderung war nicht die Stellung des Einzelnen in der sozialen Hierarchie, sondern seine Nähe zur einer Wurzelfaser dieses Systems. Daraus entstand das Paradox des abgekürzten Aufstiegs. In den gesellschaftlichen Niederungen raubte der wirtschaftliche Druck den Statusdifferenzen jede praktische Realität, da Sklaven und Freie in einer gleichmäßigen Mittelmäßigkeit aufgingen; zurecht spricht eine Inschrift von »Kindern der Plebs, ohne Unterschiede in der Freiheit.«[26] Allerdings blieb ein Unterschied bestehen: für den Sklaven, der unter der Dienerschaft eines Herrn lebte, der sich für ihn interessieren könnte, waren die Aufstiegschancen alles in allem weniger gering als für den Plebejer oder freien Bauern, den nichts seiner Situation entreißen konnte.

Dieses Paradox kommt bei einem im *Satiricon* in Szene gesetzten Freigelassenen nachdrücklich zum Ausdruck. Auf einen Freien erwidert er sinngemäß einem Tischgenossen, dessen Dünkel ihm mißfällt: »Warum lachst du, du blöder Hammel? [...] Wenn du römischer Ritter bist, dann bin ich ein Königssohn. Warum ich dann Sklave war? Weil ich mich selbst in Sklavendienste begeben habe, ich wollte lieber römischer Bürger sein als Kopfsteuer zahlen.« (57, 4; S. 100–1) Er macht natürlich Witze, verwendet Sprichwörter, er denkt vielleicht verschwommen an die hellenistischen Könige, die ihren Stolz darauf setzten, sich als Freigelassene des als König verstandenen Volks auszurufen; aber im Grunde hat er recht.[27] Für einen aus dem Volk stammenden Asiaten war die Sklaverei in etwa das einzige Mittel, römischer Bürger zu werden – unter der Bedingung, sie abschütteln zu können, (denn eine Besonderheit der römischen Freilassung bestand darin, daß sie die *civitas* gleichzeitig mit der individuellen Freiheit übertrug).[28] Drei Jahrhunderte zuvor hatten sich die Zirkassier freiwillig als Sklaven zum Kauf angeboten, als sie im Sklaventum im Türkenland die Sprosse zum Reichtum erkannten.

So bleibt bei den reichen Freigelassenen des *Satiricon* Achtung und Dankbarkeit für ihre Herren erhalten: »Die Gebeine meines Patrons mögen in Frieden ruhen, er wollte, daß ich ein Mensch unter Menschen werde.« (39, 4; S. 66) Im Gegenzug zwang das Band der Abhängigkeit den Herrn dazu, den Freigelassenen wie sein eigenes Geschöpf zu fördern. Wenn aber der Patron gerade das Zeitliche gesegnet oder sich freiwillig zurückgezogen hatte, wurde der Freigelassene Herr über sein eigenes Schicksal. So bildete sich in jeder Generation, neben einer Mehrheit ehemaliger Sklaven, die im Hause ihres Patrons blieben, eine Kategorie von unabhängigen Freigelassenen heraus. Während der Sklave nur ein Ding war, erhob sich der römische Freigelassene, durch einen seltsamen Kontrast, plötzlich zur Würde des Freien, des Bürgers und Verwandten zweiten Grades seines Herrn. Diese Besonderheit war ein Überbleibsel zurückliegender Zeiten, als der Freigelassene so durchgängig das Geschöpf seines Herrn gewesen war, daß dieser ihn, durch die Entlassung aus der Sklaverei, mit sich in die Freiheit und den Bürgerstand führte. Die Struktur der patriarchalischen *familia* setzte sich im übrigen so stark durch, daß der Freigelassene auf ganz natürliche Weise darin Platz fand, ohne daß seine Freiheit Nachteile bringen konnte. Als träges Relikt aus der Vergangenheit wurde diese rein formale Freiheit später mit einem unerwarteten Inhalt ausgefüllt, und zwar durch die Entkrampfung der Gesellschaft und die Auffächerung der Wirtschaft; der Freigelassene konnte es sich jetzt leisten, nicht mehr bei seinem Herrn zu bleiben und sich seine Existenzmittel anderenorts zu beschaffen.

Es gab zahlreiche Gelegenheiten, Unabhängigkeit zu gewinnen oder sie von seinem Herrn zugestanden zu bekommen. Zunächst konnte man sich abrupt von ihm trennen, was sehr häufig passierte. Das Problem der undankbaren Freigelassenen wurde unter Nero[29] selbst im Senat erörtert. Denn nach römischem Recht konnte der Herr sie praktisch nicht mehr belangen, wenn er ihnen einmal die Freiheit gegeben hatte; das traditionelle Recht, das zu einer Epoche erarbeitet worden war, als sich die Frage kaum stellte, hatte in dieser Hinsicht keine Vorkehrungen getroffen. Die Erörterungen verliefen im Sande, denn es war bereits zu spät; es wurde darauf hingewiesen, daß die Freigelassenen ein zu wichtiges Rad im Staatsgetriebe und in der Gesellschaft geworden seien, um an ihrem Status zu rütteln.

Die undankbaren Freigelassenen waren nur ein Sonderfall. Die Bildung einer Kategorie von unabhängigen Freigelassenen lag vor allem in der Logik der römischen Gesellschaft. Der Adelsgeist wies in diese Richtung; die großen Familien zeigten ihre Macht, wenn sie ihre Freigelassenen selbständig machten und ihre Geschöpfe förderten. Wie die Klienten waren die Freigelassenen die Satelliten des Hauses und verliehen ihm einen Nimbus von Ergebenheit: *quae clientes, quae liberti fideles ac laboriosi obsequuntur.*[30] In den weniger begüterten Klassen führte eine fast familiäre Anhänglichkeit oft zum gleichen Resultat; man verschaffte dem Freigelassenen eine Position oder man hinterließ ihm Geld, damit er sich selbst eine Position aufbauen konnte, so als ob es sich um einen Sohn oder wenigstens einen Bastard handelte; hatte man keine Kinder, so übertrug man ihm die Weiterführung der Familiengeschäfte. Schließlich erhöhte die Häufigkeit der testamentarischen Freilassungen, mit nachfolgender Erbschaft, die Zahl der Freigelassenen, die nicht mehr von ihrem Patron abhängig waren (*libertini orcini*). So wurden die Freigelassenen ein verlängerter Arm, eine *obscura propago*, der Oberklassen. Deshalb waren sie vornehmlich eine italienische Erscheinung. In Afrika zum Beispiel waren sie selten und nur in den bedeutenden Städten anzutreffen; oder ihre Anwesenheit verriet die Nähe erblicher Ländereien einer großen Familie.

Jeder Patron förderte den von ihm abhängigen *libertus* mehr oder weniger, selbst auf die Gefahr hin, sich anschließend über die Bedeutung zu erschrecken, die die *libertini* gegenüber den Freigeborenen annahmen; jeder Einzelne trug Schuld an den

Übeln, die er auf der kollektiven Ebene bedauerte. Die Texte aus dem ersten Jahrhundert und besonders das *Satiricon* sind ein Echo des Skandals, den die Existenz überreicher Freigelassener darstellte. Hier findet sich die Ungleichartigkeit der beiden Ebenen wieder, nach denen die römische Gesellschaft geordnet war. Der Skandal entsprang daraus, daß der Gesellschaft ihre eigene Wahrheit enthüllt wurde, die sie ignorieren wollte: die wirkliche Situation der Freigelassenen lief oft ihrer theoretischen Minderwertigkeit zuwider; ihre Situation entsprach nicht immer ihrem Status. Man muß hinzufügen, glaube ich, daß sich die Lage in dieser Hinsicht zwischen dem ersten Jahrhundert des Reichs, das noch vor aristokratischer Gelassenheit strotzte, und dem zweiten Jahrhundert, das viel mehr auf soziale Annehmlichkeiten achtete und Klassenschranken wahrnahm, geändert haben muß. Die allzu individualistische Tendenz, seine Geschöpfe zu versorgen, muß abgenommen haben. Das heißt nicht, daß die Rolle der Abhängigkeit und des *patrocinium* damals verschwand, im Gegenteil; es war bereits die Zeit gekommen, als das Zivilrecht nur noch eine formelle Definition der Rechte war, und man, um wirksam daraus Nutzen zu ziehen, Klientelen einspannen mußte. Nur ging das *patrocinium* jetzt auf würdigere Gesellschaftsmitglieder über, d. h. die Freigeborenen. In Ermangelung einer gut datierten epigraphischen Dokumentation, scheint der Niedergang der kaiserlichen Freigelassenen während des zweiten Jahrhunderts ein Zeichen dieser Entwicklung zu sein. Auch muß die Kategorie der unabhängigen Freigelassenen immer mehr geschrumpft sein, was sehr ernste wirtschaftliche Konsequenzen hatte.

Diese soziale Kategorie, deren Höhepunkt ans Ende der Republik und ins erste Jahrhundert der Kaiserzeit fiel, war aus den »Rissen« des Abhängigkeitssystems hervorgegangen; sozusagen zufälligerweise. Aber aufgrund glücklicher Umstände, die nach der List der Vernunft in der Geschichte aussehen, nahm die Existenz dieser verlorenen Kinder, wie wir sehen werden, einen unerwarteten Sinn und eine beträchtliche soziale und wirtschaftliche Bedeutung an.

Diese Kategorie der unabhängigen Freigelassenen, die zu einer gewissen Zeit die Hefe Italiens darstellte, wird uns im *Satiricon* eindringlich vor Augen geführt. Neben Trimalchion sind die meisten der Geladenen, die an dem von ihm gegebenen Festmahl teilnehmen, reiche Freigelassene. Wenn Trimalchion sie auch alle an Reichtum übertrifft, ist er doch nicht wesentlich anders als sie. Alle »strotzen vor Geld« (38, 7; S. 64). Einer hat als Lastträger angefangen und verkauft jetzt seine Baracke, um sich ein *domus*, ein großes Haus (38, 7–10; S. 64–65) zu kaufen; sie besitzen auch Landhäuser (46, 2; S. 82). Ein anderer hat Ländereien, dazu eine zwanzigköpfige *familia* zu ernähren und ist zum Sevir ernannt worden (57, 6; S. 101). Sie stehen im Geschäftsleben, *homines negotiantes* (43, 6; S. 74). Einer hat Weinberge und verkauft seinen Wein; ein anderer, mit dem es ein schlimmes Ende nahm, weil er sich seinen Freigelassenen zu sehr anvertraut hatte, war Begräbnisunternehmer (38, 15; S. 65); ein weiterer ist Lumpenhändler, *centonarius* (45, 1; S. 77); noch ein anderer ist Sevir und hat ein stattliches Aussehen, er ist der beste Marmorhändler der Stadt (65, 5–6; S. 118–9). Trimalchion selbst war mit See- und Sklavenhandel und Transportunternehmen beschäftigt. Kurz, die meisten sind Handwerker und Händler; sie bringen etwas Abwechslung in die soziale Landschaft einer prinzipiell agrarischen Zivilisation. Sie sind alle ihr eigener Herr; sie reden entweder nicht von ihren Patronen oder sprechen nur in der Vergangenheitsform von ihnen (57, 10; S. 102; 58, 11; S. 104; 76, 2; S. 143). In einem bereits mehr oder weniger fortgeschrittenen Alter ins Leben entlassen, mußten sie unvorbereitet ein Gewerbe anfangen, das weder sie noch ihre Familie jemals vorher ausgeübt hatten.

Die Zwangslage, in der sie sich befanden, bereitete ihnen nicht nur ein sehr rüdes Schicksal, sie bescherte ihnen auch eine für die Epoche sehr randständige Existenz. Denn in der römischen wie in jeder vorindustriellen Gesellschaft stellte sich die Frage der Berufswahl nur in den höheren Klassen; in den anderen Klassen verstand es sich von selbst, daß man das Gewerbe seines Vaters ausübte. Dem väterlichen Gewerbe zu entfliehen, bedeutete Gefahr zu laufen, unter die haltlosen Elemente der Gesellschaft zu geraten. Diese Notwendigkeit war im volkstümlichen Bewußtsein sicher zu einer sprichwörtlichen Moralvorstellung geworden: wer nicht das Gewerbe seines Vaters betreiben wollte, war ein Querkopf mit dem es ein schlimmes Ende, vielleicht als Sklave, nehmen würde; bestenfalls würde er zwangsweise als Soldat angemustert.[31] Als die Gesetzgebung des 4. Jahrhunderts die Erblichkeit des Standes für die *humiliores* sanktionierte und die Kolonen an die Scholle band, eliminierte sie nur vereinzelte Schwankungen, und zwar im Interesse des Staates, der Eigentümer, aber auch der Verwaltung im Hinblick auf eine bessere Buchhaltung. Aber für die Mehrheit der Bevölkerung bestand die Erblichkeit des Standes, das Kastenwesen, *de facto* schon seit langem. Wo konnte ein Bauer, ein Handwerker oder ein Krämer in einer armen und kaum differenzierten Wirtschaft die materiellen Mittel und selbst die Ideen finden, um etwas anderes als sein Vater zu unternehmen?

Wenn unsere Freigelassenen am Anfang auch über Mittel verfügten, so hatten sie kein Gewerbe, um weiterzumachen; sie waren an keinen Kontext gebunden. Sie waren Entwurzelte aus Berufung, Randexistenzen. Sie waren dazu verdammt, die Regel ihres Handelns aus sich selbst zu schöpfen, neue Möglichkeiten zu erschließen und sie in die Tat umzusetzen. Ein Trimalchion erinnert in gewisser Hinsicht an die Einwanderer aus Mitteleuropa oder Rußland, die ohne Ausbildung in Frankreich eintrafen und, von Anfang an deklassiert, von vorne anfangen mußten; in dieser Lage wurden sie logischerweise an den Rand des normalen Wirtschaftslebens gedrängt, verdankten dieser Situation jedoch gerade die Anhäufung von manchmal kolossalen Reichtümern.

Andererseits lebten unsere Freigelassenen in einer Gesellschaft, in der drei Viertel der Bevölkerung auf dem Land arbeitete. Sie aber verband nichts mit dem Boden. Hier sei daran erinnert, wie Pirenne das Problem des Ursprungs der Bourgeoisie im 11. Jahrhundert formulierte: »Wie soll man inmitten einer ausschließlich ländlichen Gesellschaft die Bildung einer Klasse von Kaufleuten und Handwerkern erklären?«; seine Antwort lautete, daß sie sich »am Anfang aus den Landlosen zusammengesetzt haben muß, die sozusagen am Rande einer Gesellschaft lebten, in der alleine der Boden ein Auskommen garantierte«; diese Klasse setzte sich also aus den Entwurzelten zusammen.[32] Das läßt sich auch von den Freigelassenen behaupten – nur sind sie niemals zu einer Bourgeoisie geworden; sie bildeten in einer ländlichen Gesellschaft, zwischen einer umfangreichen freien oder versklavten Bauernschaft und einem städtischen Adel mit Ländereien, das andersartige Element. Wir wissen, daß sich die nicht-agrarischen Berufe besonders aus ihren Reihen rekrutierten; die Existenz ihrer Kategorie genügte in diesem Bereich bereits, zu den Freigeborenen ein Gegengewicht darzustellen. Die von Gummerus oder Duff erstellten Statistiken[33] sprechen Bände: zwei Drittel der Handwerker in Rom und mehr als die Hälfte im restlichen Italien waren Freigelassene; die Kaufleute waren es fast schon *per definitionem*.

Die Freigelassenen bildeten eine städtische Gruppe *par excellence*. Eine italienische Stadt, d. h. ein Gebilde, das zugleich regionaler Markt und Produkt gemeinsamer Siedlungsweise und politischen Lebens war, wurde einerseits vom städtischen Adel bevölkert, der dort seine Grundeinnahmen ausgab, andererseits von den Freigelassenen dieses Adels und ihren Nachkommen. Zwischen der Aristokratie, die die Stadt regierte, und der Plebs, hatten die Freigelassenen eine offizielle Vertretung, nämlich das Kollegium der *seviri* oder *Augustales*[34], das ihre wirtschaftliche Bedeutung politisch untermauerte. Da sie zum größten Teil die Rekrutierung der nicht-agrarischen Berufe sicherten, spielten sie im Gemeinschaftsleben eine sehr bedeutende Rolle, denn die besagte Rekrutierung vollzog sich nur unter Schwierigkeiten von alleine. Manche Kaiser des 1. Jahrhunderts versuchten, diese Rekrutierung durch Oktroyierung von Privilegien[35] zu begünstigen (wie sie auch die Versorgung von Rom in die Hand nehmen mußten, mangels einer spontanen Initiative, sie zu gewährleisten); und jedesmal wandten sie sich an die Freigelassenen, so sehr war deren Berufung für den Handel und das Handwerk eine bekannte Tatsache.

Woher kam diese Berufung? Erstens hatten die Freigelassenen anfangs keine ländliche Verwurzelung. Der Freigelassene, der mit seinem *peculium* ins Leben trat oder mit dem, was sein Patron ihm vermacht hatte, verfügte im allgemeinen nicht über genügend Geld, um Ländereien zu kaufen und von der Landwirtschaft zu leben; er kaufte sie sich später, wenn er reich geworden war (57, 6; S. 101). Anfangs mußte er ein Gewerbe finden, das wenig Kapital erforderte, jedoch die Möglichkeit bot, sich zu bereichern. Oder sich zu ruinieren: er war also gezwungen, sich für eine Risiko-Ökonomie zu entscheiden. Aber wenn er das Risiko wählte, dann tat er es gerade, weil er sich bereichern wollte: die Notwendigkeit, ein nicht-agrarisches Gewerbe zu wählen, war bei den Freigelassenen zu einer Gruppentradition geworden (wie die Geschichte von Trimalchion zeigt); sie hatten eine kapitalistische Geisteshaltung angenommen. Im Zustand ihrer inneren, wie ihrer gesellschaftlichen »Verdrängung«, wollten sie sicher auch durch Bereicherung den Makel ihrer Geburt ausgleichen und sich von ihren sozialen Komplexen befreien.

Sie hatten die Mentalität von Geschäftsleuten. Die *homines negotiantes* bildeten eine Kategorie mit ihren eigenen Problemen und Prinzipien (43, 6; S. 74). »Geometrie, Ästhetik und all das alberne Zeug«, kannten sie nicht, aber sie konnten lesen und rechnen (58, 7; S. 104). Ihre Kategorie hatte ihre eigene Dramatik, an der sie jeden maß; einer hatte ganz unten angefangen, und es war ihm zu Beginn dreckig gegangen (43, 4; S. 74), ein anderer war durch Glück und Verdienst nach oben gekommen und schuldete niemand etwas (57, 5; S. 101), noch ein anderer ruinierte sich (38, 12; S. 65). Ein gewisses Maß an Eleganz ist nicht ausgeschlossen, aber es geht auch nicht darum, »selbst die kleinste Münze mit den Zähnen aus dem Dreck zu ziehen« (43, 1; S. 74). Sie unterlagen den Marktschwankungen (44, 15; S. 76), redeten von gut oder schlecht gehenden Geschäften und schätzten denjenigen, der seine Sache gut machte (38, 7; S. 64). Es ist wichtig, auf dem Markt einen guten Ruf zu genießen (57, 11; S. 102). Ihr oberstes Ziel: *lucrum facere*, Geld machen (58, 12; S. 104; 70, 1; S. 128). Jeder war ein *homo oeconomicus* in einer Epoche, die nicht stark vom Profitdenken durchdrungen war. Um sich herum fanden sie kaum ein Modell dafür: auf der einen Seite gab es die freie Bauernschaft und die städtische Plebs, deren Dasein vom Sparen und von bescheidenen Tugenden, wenn nicht vom süßen Nichtstun geprägt war; auf der anderen Seite stand der Adel, der von seinen Grundeinnahmen lebte und streng seine Verwaltung überwachen konnte, der seine Würde jedoch nicht weniger in der Leitung der Stadt und den Ausgaben sowohl für Reliquienausstellungen als auch für bescheidenen Konsum sah, kurz in einer Existenz als »Politiker« (*cives*). In einer derartigen Zivilisation war die kapitalistische Mentalität der Freigelassenen, die heute zur Banalität geworden ist, ein Fremdkörper, wie die Mentalität des Handelsbürgertums im christlichen Mittelalter.

Vom Rest der Gesellschaft durch den Makel ihrer Geburt, ihre Aktivitäten und ihre Ideale getrennt, glichen die Freigelassenen einer im Entstehen begriffenen Klasse. Aber dabei blieb es. Sie blieben ein für den Lauf der sozialen Maschine notwendiges Räderwerk, dem eine entsprechende Funktion zugeschrieben war. Sie haben niemals etwas erobert, nicht einmal Anteil an den Stadtregierungen und das Recht, Dekurionen zu werden. Sie verschwanden unerklärlicherweise während des 3. Jahrhunderts.

In Wahrheit bildeten sie nicht einmal eine feste Sozialschicht; sie waren ein Moment im Leben des Sozialkörpers, eine »Etappe«, eine sich verändernde Gruppe, die sich mit jeder Generation erneuerte. Sie gründeten keine Dynastien; der Sohn eines Freigelassenen war selbst kein Freigelassener, sondern ein Freigeborener. Er fiel entweder in die Plebs zurück oder, wenn sein Vater reich geworden war und Gönner hatte, verschmolz er mit dem Stadt- oder Reiteradel, dessen Lebensstil und Ideale er annahm. So ist auch der Ausdruck vom »Aufstieg der Freigelassenen« inhaltslos, es sei denn, er bedeutet, daß einige Freigelassene reich wurden; wenn ihre Söhne aufstiegen, dann, weil sie aufhörten, wie ihre Väter zu sein und sich in Adlige verwandelten. Hier taucht wieder die Unterscheidung zwischen der Ebene der sozialen Hierarchie und der individuellen Ebene auf. Die soziale Mobilität war von einem »Transformismus« der Individuen begleitet; so verhinderte die Erneuerung der Zusammensetzung nicht die Stabilität der Klassen als solcher.

Die Situation der Freigelassenen war also ein ewiges Provisorium. Da sie zwischen der Plebs und dem Adel auf sandigem Boden standen, vermochten sie nie ein kohärentes Selbstbewußtsein zu entwickeln. Sie erfuhren ihren niedrigen Status als einen persönlichen Unfall, unter dem ihre Söhne nicht leiden sollten; als Zufallsprodukte des Systems der Abhängigkeiten machten diese verlorenen Kinder zwar ihre Gehversuche, ohne daß es ihnen jedoch gelang, sich als autonome Gruppe zu etablieren. Sie stiegen nicht aus den Tiefen des Wirtschaftslebens auf, wie das mittelalterliche Bürgertum: sie drängten zum Wirtschaftsleben. Auch hätte ein Sinneswandel ihnen gegenüber in den oberen Klassen genügt – auf obskure und indirekte Art waren sie deren verlängerter Arm –, zum Beispiel weniger Entgegenkommen bei ihrer Versorgung, um die Rekrutierung ihrer Kategorie an der Quelle versiegen zu lassen. Dergleichen muß sich auch tatsächlich abgespielt haben. Das war das Drama der Wechselgruppe der unabhängigen Freigelassenen in der Geschichte: es war eine totgeborene Klasse, die in einem unentschiedenen Zwischenstadium verharrte. Trimalchions weiteres Schicksal, dessen Besonderheiten im kollektiven Versagen der Freigelassenen gleichzeitig ihre Erklärung finden, veranschaulicht diese Unentschiedenheit eindrucksvoll: es ist ein aus1weg1loses Schicksal.

3. Vom Kapitalisten zum Grundbesitzer

Im Augenblick seines Auftritts im *Satiricon* ist Trimalchion am Ende seiner Tage und auf dem Höhepunkt seines Reichtums. Der Schauplatz ist nicht mehr Rom, wo Trimalchion als Sklave ankam, sondern eine Stadt in Kampanien. Er lebt dort in einem

Luxus, den er für aristokratisch hält, hat aber nichtsdestoweniger gewöhnlich reiche Freigelassene wie er selbst zur Gesellschaft; er unterhält sie mit der Schilderung seines Lebens und seiner Geschäftserfolge. Die Einzelheiten dieser Geschäfte sollen uns jetzt beschäftigen.

Auf dem Sterbebett hat der Patron Trimalchion »ein patrizisches Vermögen« hinterlassen (76, 2; S. 143); mit diesem Kapital stürzt sich Trimalchion in seine Unternehmungen. Nur bestand das Erbe aus Grundbesitz (76, 8; S. 144), wie es damals die Regel war, und allein ein kleiner Teil dürfte aus flüssigem Geld oder wucherischen Schuldforderungen bestanden haben.

Nun war die Liquidität ein Problem der Epoche, und darüber muß erst ein Wort gesagt werden. Da er ein Landgut erwerben wollte, suchte und fand Plinius der Jüngere bei einer Verwandten das nötige Geld zum Leihen.[36] Nicht weil er arm war, ganz im Gegenteil; aber sein Vermögen beruhte auf Grundbesitz, und er wollte kein Land verkaufen, um sich die notwendigen Mittel zum Kauf von neuem Land zu beschaffen, war doch sein Ziel gerade, seinen Besitz »abzurunden«. Ein adliges Vermögen bestand aus zwei Teilen, die man bemüht war, säuberlich voneinander zu trennen: einerseits das Vermögen an Grundbesitz, auf dem die erbliche Größe der Familie beruhte, und das man um jeden Preis zu erweitern suchte, und andererseits Goldstücke, die man hortete oder zu Wucherzinsen verlieh. Cäsar machte nicht die bekannten, enormen Schulden, weil er ruiniert war, sondern im Gegenteil, weil er sein Vermögen an Grund und Boden intakt halten wollte. So war der Hauptteil des allgemeinen Vermögens unbeweglich und blieb außer Verkehr.

Was aber tut Trimalchion? Er hat in der Hauptsache Liegenschaften geerbt; er ist also sehr reich und bis ans Ende seiner Tage abgesichert; für den ehemaligen Sklaven ist es ein Märchen, ein *happy end*. Aber sobald er im Besitz der Ländereien ist, die sein Eigentum geworden sind, ist seine erste Sorge, sie zu verkaufen (vgl. 76, 8; S. 144), um sich flüssiges Geld zu beschaffen und ins Geschäftsleben zu stürzen, bzw. in gewagte Spekulationen; »aber keiner ist mit dem zufrieden, was er hat.« (76, 3; S. 143)

Wie kam es, daß man niemals diesen Zug an ihm bemerkte, um ihm eine Position zu verschaffen? Trimalchion verkauft seine Ländereien, um sich in den Handel zu stürzen. Man muß die Bedeutung dieser Geste erkennen in einer Zeit, in der der Handelskapitalismus im Anfangsstadium steckte, in der die Sicherheits- und nicht die Risikowirtschaft dominierte, und der Boden nicht nur das Fundament des Vermögens bildete, sondern den sozialen Wert, der sozialen Rang verschaffte. Dank dem Zufall, durch den es in die Hände eines Freigelassenen gerät, wird ein patrizisches Vermögen in den Handel investiert, in den es sonst niemals eingeflossen wäre. Trimalchion drängte nicht die Notwendigkeit, sondern die Gewinnsucht, die den Freigelassenen traditionellerweise eigen war. Die war so ausgeprägt, daß man versucht ist, darin den berühmten kapitalistischen Geist zu erkennen, der zu Zeiten Max Webers und Sombarts diskutiert wurde, und dessen Auftreten in der Geschichte man genau datieren wollte. Es ist der Geist, der »nie zufrieden ist«, der zur schrankenlosen Ausdehnung der Geschäfte drängt, der im Gewinn nur ein Mittel zu weiterem Gewinn sieht. Man erlebt jedoch, daß Trimalchion zu einem bestimmten Zeitpunkt genug hat: die Ländereien, die er veräußert hatte, kauft er zurück (76, 8; S. 144) und zieht sich von den Geschäften zurück, um ein adliges Leben zu führen. Vom Boden kommend, kehren seine Kapitalien zum Boden zurück. Er wird nur vorübergehend Kapitalist gewesen sein, für die Zeit, die er brauchte, um sein Vermögen zu vervielfachen.

Die genaue Aufzählung seiner Unternehmungen liefert uns die Biographie eines römischen Händlers, die zwar imaginär, aber doch die einzige uns überlieferte ist. Leider wird man Abstriche machen müssen.

Mein Patron »machte mich zum Miterben des Kaisers[37], ich erhielt ein patrizisches Vermögen.[38] Aber keiner ist mit dem zufrieden, was er hat. Ich warf mich auf den Handel. Um es kurz zu machen, ich baute fünf Schiffe, belud sie mit Wein – der war damals mehr wert als Gold – und schickte sie nach Rom. Man hätte glauben können, ich hätte es darauf angelegt – alle fünf er-

litten Schiffbruch. Tatsache, kein Schwindel! An einem einzigen Tag verschluckte Neptun dreißig Millionen Sesterzen.[39]
Meint Ihr, ich hätte aufgegeben? Beim Herkules, der Verlust machte mir gar nichts, es war, als ob nichts geschehen wäre. Ich baute andere, größere, bessere und glücklichere Schiffe, jeder sollte sehen, was für ein tüchtiger Kerl ich bin. Ihr wißt, in ein großes Schiff geht mehr Fracht. Wieder lud ich Wein, Speck, Bohnen, Parfümerien und Sklaven.[40] Fortunata [seine Frau, eine ehemalige Sklavin] stand mir damals treu zur Seite, sie verkaufte ihren Schmuck und all ihre Kleider und legte mir hundert Goldstücke in die Hand – das war der Sauerteig für mein Vermögen.[41]
Was die Götter wollen, geschieht schnell. Mit einer einzigen Fracht verdiente ich zehn Millionen Sesterzen. Sofort kaufte ich allen Grundbesitz zurück, der meinem Patron gehört hatte. Ich baute mir ein Haus, kaufte Sklaven und Zugvieh. Was immer ich anfaßte, es wurde zu Gold. Bald war ich reicher als die ganze Stadt; da sagte ich mir: Hände weg vom Rechnungsbuch! Ich gab den ganzen Handel auf und begann, den Freigelassenen gegen Zinsen Geld zu leihen.
Damals, als ich mich vom Handelsgeschäft zurückziehen wollte, war zufällig ein Sterndeuter in der Stadt, und der hat mich freilich in meinem Vorhaben bestärkt.« (76, 2–10; S. 143–4)
Könnte man eine derartige Erzählung ernst nehmen, so wäre wohl folgendes darüber zu sagen: Trimalchions Geschäfte ähneln eher einer Spekulation, einem Zufallstreffer, als einem regelrechten Unternehmen. Anstatt den üblichen Praktiken seiner Epoche zu folgen[42], handelt er auf eigene Faust. Er tritt nicht den *societates* bei, in denen die Risiken und Gewinne geteilt gewesen wären. Er rüstet selbst die Schiffe aus, anstatt sie zu heuern (*locare*) oder mit einem Kapitän eine Bodmerei (*nauticum foenus*) abzuschließen; dieser hätte gegen die Entrichtung einer Versicherungsprämie (*pretium periculi*) die Risiken der Überfahrt auf sich genommen, was Trimalchion die Geldeinlage gesichert hätte, als die Schiffe sanken. Er ist der alleinige Eigentümer seiner Schiffe und läßt sie speziell für seine Handelsgeschäfte bauen.

Kurz, er verweigert die Aufsplitterung der Geschäfte, die sonst so stark ausgeprägt war, daß jeder Kapitalist mehrere Teilhaber und jedes Schiff mehrere Eigentümer oder Reeder hatte. Das Geheimnis seines Erfolgs bestand darin, daß er auf Teuerung und Mangel spekulierte; sie waren »damals mehr wert als Gold«, sagt er von den Waren, die er beförderte. Es muß angenommen werden, daß die Tätigkeit der Großhändler einfach darin bestand, gemäß dem Warenkurs zu kaufen und verkaufen. Wurden sie reich, so war es eine Frage von Glück und Verschlagenheit: sie informierten sich über die Produkte, die in einer Region fehlten und eilten dorthin; sie machten gewaltige Gewinne: dreißig Prozent. Der Beruf behielt etwas von einer riskanten Wette an sich und beruhte auf einfachen und brutalen Methoden. Auch konnte Trimalchion sich ohne weiteres als Kaufmann betätigen; es gab wenig Konkurrenz, und der Weg stand jedem Waghalsigen offen, es war ein Abenteuer. Die Kaufleute umfaßten alle Handelszweige: sie waren zugleich Baumeister, Reeder, Großhändler, aber ohne Spezialisierung der Funktion.

An sich kommt dieses Bild der Wahrheit nahe; aber es ist anachronistisch. Vielleicht galt es für das barbarische Europa des 11. Jahrhunderts oder für China unter der Han Dynastie, aber nicht für Italien im 1. Jahrhundert. Es umreißt eine Grundentwicklung des Handels, der darin auf seinen Wesenszug reduziert ist. Die gleiche sinnbildliche Vereinfachung finden wir in dem allgemeinen Porträt des Kaufmanns, das ein Horaz oder besser noch ein Manilius zeichnet: »Er wagt sich in alle Welt, um im Ausland seinen Gewinn zu machen; auf Mangel und Teuerung spekulierend[43], vertraut er sein Vermögen den Winden an. Er versteht es, dem Universum die Produkte des Universums zu verkaufen, durch tausend Handelsbande verknüpft er Nationen, die nichts voneinander wissen, sucht seinen Profit unter anderen Sonnen und macht durch das Spiel der Preise im Handumdrehen sein Vermögen.«[44]

Trimalchions Schilderung seiner Unternehmungen haftet ein vager Charakter an, der darauf hindeutet, daß hier nur traditionelle Themen wiederholt werden[45]. Die Liste der Waren, die unser

Freigelassener auf seine Schiffe lädt, erinnert weniger an eine Fracht als an eine typisierte Aufzählung der kommerziellen Produkte der Zeit. Die einzige Quelle dieses fälschlich realistischen Textes, wie der Texte von Manilius oder Horaz, liegt in der Weisheit der antiken Nationen; es entsteht eine sprichwörtliche und systematische Vorstellung vom Kaufmann, deren verstreute Merkmale ursprünglich in der Erzählung von Petronius zu finden sind. Danach weicht der Kaufmann von der Norm der Menschheit ab und stellt einen Störfaktor dar. Er läßt sich vollständig auf sein Wesen, die Habsucht, zurückführen, die in den moralischen Bereich fällt; er hat auf ein durchschnittliches Schicksal verzichtet, um ein extremes Schicksal zu wagen, den Schiffbruch oder das plötzliche Vermögen; er stellt die natürliche Ordnung auf den Kopf, denn er transportiert Produkte einer Gegend in eine andere Gegend, wo die Natur sie nicht gewollt hat, und er lebt selbst ein Nomadendasein, anstatt einen eindeutigen Platz unter den Menschen zu haben; das Wesen seines Berufs liegt in der Verfälschung der Naturordnung, denn er spekuliert auf Knappheit oder Mangel und gibt den Dingen einen Preis, der nicht der wahre, der »gerechte Preis« ist.[46] Es ist hier nicht der Ort für eine Exegese dieser Gemeinplätze oder vermeintlichen Gemeinplätze, die sicher ihre Kohärenz und tiefe Daseinsberechtigung haben. Es genügt anzumerken, daß Petronius, der über die ökonomischen Realitäten seiner Zeit wenig informiert oder wenig daran interessiert war, nicht viel mehr in seine Erzählung aufnahm als vage, proverbiale Allgemeinheiten. Ausgehend von diesen Daten hat er ein Märchen für Geschäftsleute geschrieben. Am Anfang war das Gewinnstreben; der erste Versuch Trimalchions, der in einer Katastrophe, einem Schiffbruch endet; der Chorus schilt den Waghalsigen, die Liebe einer Frau tröstet ihn, er stemmt sich gegen das Schicksal, das Blatt wendet sich, ein Vermögen fällt ihm in den Schoß; fortan wird alles zu Gold, was er anfaßt, wie unter einem Zauberstab; es bleibt ihm nur noch, glücklich zu sein und viel Geld zu besitzen. Durch seinen Reichtum an Phantasie steht dieses Kapitel des *Satiricon* im Gegensatz zum Rest der Erzählung. Petronius ist ein

Realist, selbst ein großer Realist, wenn es darum geht, die moralischen Implikationen einer Situation dort lebendig zu erfassen, wo sie wie in einer Momentaufnahme aufleuchten und unmittelbar greifbar werden; aber man darf von ihm nicht das Interesse erwarten, das ein Balzac der Geschäftswelt entgegenbrachte, und auch nicht den dokumentierten Realismus eines Zola.

Hier enden die Unternehmungen des Trimalchion. Sobald seine Spekulation Früchte getragen (»Mit einer einzigen Fahrt verdiente ich zehn Millionen Sesterzen.«) und er sein Kapital mit einem enormen Gewinn zurückgewirtschaftet hatte, »kaufte ich allen Grundbesitz zurück, der meinem Patron gehört hatte«. Einige Zeit später gab er »den ganzen Handel auf und begann, den Freigelassenen gegen Zinsen Geld zu leihen«. Die verfügbar werdenden Kapitalien wird er in Landgüter investiert haben, als er »den ganzen Handel« aufgab. So lebt Trimalchion fortan von seinen Ländereien und vom Wucher; »Trimalchion besitzt Ländereien in allen Himmelsrichtungen und Geld über Geld«, sagt einer der Freigelassenen, die seine Tischgenossen sind (37, 8; S. 63). Trimalchion selbst rühmt die Ausdehnung seiner Ländereien, aber die Worte, die Petronius ihm in den Mund legt, sind lächerliche Übertreibungen: eines seiner Landgüter erstreckt sich von Terracina bis Tarent (48, 2; S. 85), und er träumt davon, Apulien und Sizilien seinen Besitzungen einzuverleiben (48, 3; S. 85; 77, 3; S. 145). Denn die Figur des Trimalchion ist nicht nur zum Typus erhöht, sondern bis zur epischen Posse gesteigert; dagegen sind die Gesten und Reden der untergeordneten Personen wie aus dem Leben gegriffen und erlauben es, die Glaubwürdigkeit des übrigen zu prüfen.

Von nun an entwickelt Trimalchion die Mentalität eines Grundbesitzers mit derselben Perfektion, mit der er die des Geschäftsmannes entfaltet hatte; sein Dasein wird nicht mehr von Gedanken an Geld beherrscht, sondern er denkt jetzt nur noch in Quadratkilometern. Sein dreifacher Traum, wie der aller Latifundien-Besitzer seiner Zeit, ist es, seinen Besitz abzurunden, wirtschaftlich unabhängig zu sein und eine autonome Verwaltung zu haben. Er möchte das Leben einer ganzen Region kontrollieren; wenn er seinen Blick über seine Felder streifen läßt, will er nichts als sein Land sehen. Er spricht ohne Unterlaß vom Einverleiben, *jungere* (48, 3; S. 85; 77, 3; S. 145); er ist von der Idee eines zusammenhängenden Gutes besessen, so daß er nach Afrika reisen kann, ohne sein Gut zu verlassen, wenn er Lust dazu verspürt (48, 3; S. 85). Er handelt nicht anders als ein großer Grundherr wie Plinius der Jüngere, der die *pulchritudo jungendi*[47] intensiv zu genießen verstand. Da er weitläufige und unterschiedliche Ländereien besitzt, kann Trimalchion autark sein; das gehörte zum Schick der Epoche; und selbst die Angehörigen der Mittelklasse, die nur ein kleines Stück Land im Vorort von Rom besaßen, waren stolz darauf, von den Produkten ihrer Halbpacht zu leben.[48] »Glaube ja nicht, daß er irgend etwas kaufen muß«, sagt einer seiner Tischgenossen, »alles wächst auf seinem eigenen Boden: Wolle, Zitronen und Pfeffer. Wenn du Hühnermilch haben wolltest, bei ihm bekämst du sie.« (38, 1; S. 64; vgl. 48, 2; S. 85) Und seine politische Autonomie grenzt fast an seine Autarkie; seine Ländereien sind wie ein kleines Reich im Kaiserreich. Die Berichte, die ihm seine Intendanten schicken, gleichen dem Amtsblatt von Rom (53, 1; S. 90) oder den Fasti in den Städten. Die aus Sklaven und Freigelassenen bestehende *familia* seiner Ländereien ist wie eine Stadt organisiert, d. h. unter der Leitung von Ädilen, die Verordnungen erlassen (53, 9; S. 93). Dieses Detail hatte, wie die Inschriften[49] zeigen, sein Gegenstück in der historischen Realität. Trimalchion »versetzt einen Hausmeister nach Bajä« (53, 10; S. 93), so, wie der Kaiser Senatoren, die bei ihm in Ungnade gefallen waren, auf die Inseln verbannte. Und sein Intendant läßt einen Sklaven ans Kreuz schlagen, »weil er den Genius unseres Herrn Gajus gelästert hat« (53, 3; S. 93), wie man es mit denen machte, die den *genius* oder das *numen* des Kaisers lästerten.

Sicher gibt es in der ganzen Biographie des Trimalchion keine eindrucksvollere Episode als die Verwandlung des Geschäftsmannes in den Grundbesitzer. Doch will sie genau verstanden sein. Es reicht nicht aus zu sagen, daß unser Freigelassener am Ende eines geschäftigen Lebens in den Ruhestand tritt; es handelt sich nicht um den Ruhestand, sondern um eine Krönung; Trimalchion hat seinen Höhepunkt erreicht. Ich glaube, daß Rostovtzeff den wahren Verlauf dieser Episode falsch verstanden hat: »Es ist charakteristisch«, schreibt er, »daß die Hauptbeschäftigung des Trimalchion zuerst der Handel gewesen ist, und erst anschließend die Landwirtschaft und das Bankgeschäft.«[50] Die Sprache ist sehr modernistisch: Wucher ist kein Bankgeschäft. Was aber ist an Trimalchions Leben charakteristisch? In Rostovtzeffs Augen ist das Charakteristische die bedeutende Rolle, die der Handelskapitalismus damals spielte. Aber wahrscheinlich ist das Gegenteil wahr: charakteristisch ist, daß Trimalchion den Handel zugunsten des Grundbesitzes und Wuchers aufgab; denn alleine der Boden adelte. Unser Freigelassener hatte es eilig, ein adliges Leben zu führen, und seine völlig provisorische Kaufmannstätigkeit hat immer nur dieses Ziel angepeilt; denn das Maß des persönlichen Erfolgs war nicht das Geld, sondern der Reichtum in Form von Grundbesitz. Setzen wir keine modernen Kategorien an die Stelle der antiken und sagen wir nicht, daß Trimalchion Handelskapitalien in die Landwirtschaft investierte, so als ob er als Landbesitzer Kapitalismus in einer anderen Form fortsetzte. Seine Einstellung hat sich geändert, sie wird nicht mehr von wirtschaftlichen Erwägungen diktiert, sondern von Kollektivvorstellungen, d. h. von dem, was in der Welt Rang verleiht. »Der Handel«, schreibt Cicero[51], »muß als etwas Niedriges angesehen werden, wenn er in kleinem Maßstab betrieben wird. Wenn er im großen, umfangreichen Maßstab betrieben wird, wenn er viele Waren aus vielen Gegenden einführt und sie ohne erhöhte Preise umverteilt, dann ist er nicht mehr eine so verachtenswerte Tätigkeit. Und wenn der Kaufmann, nachdem er einmal die Gewinnsucht gestillt hat, oder besser noch, sich mit dem Gewonnenen zufrieden gibt, den Häfen den Rücken kehrt, um Grundbesitzer zu werden, dann kann man ihm voll zustimmen«: *si ex ipso portu se in agros possessionesque contulerit, videtur jure optimo posse laudari.*

Und das genau hat Trimalchion getan. Es ist eine banale Geschichte; noch Adam Smith schreibt, »merchants are commonly ambitious of becoming country gentlemen.«[52] Unser römischer Kapitalist hat seine Erfüllung außerhalb des Kapitalismus gefunden, im Bodenbesitz; diese Verhaltensweise entspricht den Zeittendenzen, so daß man sie getrost als typisch betrachten kann, und ihr folglich eine große Bedeutung für die Wirtschaftsgeschichte zukommt. Im Frankreich des Ancien Régime war es Lehnsbesitz, der in der Gesellschaft zählte, was zur Folge hatte, daß bürgerliche Kapitalien aus Handel und Industrie abgezogen wurden.

R. Mousnier warf diesbezüglich eine Frage[53] auf, die sich auch für die römische Ökonomie stellt: »Hat nicht die Vorstellung, die Meinung darüber, was ehrenwert ist und einen Rang in der Gesellschaft verschafft, dazu beitragen können, daß die Entwicklung des Kapitalismus in Frankreich vom 15. zum 18. Jahrhundert so schleppend vor sich ging?« Aber man kann ebenso die Glieder dieser Gedankenkette umkehren; denn eine soziale Gruppe, die ihre Not als Freiheit begreift, d. h. als Moral und aus der Not eine Tugend macht, hat niemals nur eine ihren objektiven Strukturen entsprechende Mentalität, so, wie ihre Meinungen ihren Interessen entsprechen. Das Vorhandensein einer Vorstellung, derzufolge der Boden der höchste Wert ist, war gerade eine Antwort auf den verspäteten Kapitalismus.

Indem er vom Kaufmann zum Grundbesitzer wird, verzichtet Trimalchion darauf, *homo oeconomicus* zu sein; er paßt sich jetzt den Normen der guten Gesellschaft an, d. h., er rührt keinen Finger mehr. Er hört auf, ein arbeitender Mensch zu sein, um einfach Mensch zu werden, d. h. ein nicht-arbeitender Mensch, oder genauer, ein Mensch ohne Beruf. Einen Beruf zu haben und sich damit zu identifizieren, wurde als eine Beschränkung des Menschseins betrachtet. Keinen Beruf zu haben, hieß, ein erfülltes und daher adliges Leben zu führen (denn Adel wurde nicht als Überlegenheit über andere Menschen empfunden, sondern im Gegenteil als die vollständige Realisierung des Menschen). In der Praxis lief das darauf hinaus, Grundbesitzer, *agricola*, zu sein (und entsprechend, wie wir sehen werden, mit Wucherzins zu verleihen). Landbesitz war in dieser Gesellschaft mit ländlichen Fundamenten und universalistischen Idealen kein bestimmter Beruf, sondern die Abwesenheit jeglichen Berufs. Natürlich bestimmte dieses Ideal die Lebensweise der Oberklassen und die Realität der Produktionsverhältnisse. Es setzte sich so stark durch, daß die Zugehörigkeit zu unterschiedlichen Klassen (Dekurionen, Reitern, Senatoren) nach dem im Zensus eingetragenen Vermögen bestimmt wurde, und daß im Zensus nur der Grundbesitz eingetragen werden konnte; das ging soweit, daß ein Großhändler, der in die Gesellschaft aufsteigen wollte, sich in einen Grundbesitzer verwandeln mußte. Wucher wurde ganz einfach als eine Nebentätigkeit der Landwirtschaft betrachtet, die weder etwas Entehrendes noch Plebejisches an sich hatte. Aus gutem Grund, denn ein adliges Vermögen bestand im wesentlichen aus Ländereien und wucherischen Schuldforderungen. *Sum paene totus in praediis, aliquid tamen faenero*, schreibt Plinius der Jüngere.[54] Die Begriffe ›Liegenschaften‹ und ›Wucher‹ werden in den Texten an vielen Stellen assoziiert; in den *Digesten* (unsere Hauptquelle für die Wirtschaftsgeschichte Roms, die erst unvollständig ausgebeutet ist), tauchen die Wörter *fundi* und *nomina debitorum* wie ein Refrain in den Beschreibungen der Vermögen auf[55]; vergleichsweise selten sind die Beschreibungen beweglicher Reichtümer; Handelskapitalien waren fast unbekannt. Im übrigen wurde die Industrie, d. h. die Manufakturen, sowie die Minen und Steinbrüche, ebenfalls als ein Nebenzweig des Landguts betrachtet, auf dem sie angesiedelt waren[56]; insgesamt handelte es sich um Nebentätigkeiten der Landwirtschaft, wie auch der Wucher. Allein der Handel erniedrigte.

Wenn Trimalchion vom Handel zu Grundbesitz und Wucher überwechselt, beginnt für diesen ehemaligen Sklaven eine neue Etappe: er teilt von nun an die Lebensart der guten Gesellschaft seiner Zeit. Genauer gesagt, ruft er durch die Übernahme dieser Lebensart magisch das Bild einer der den Freigelassenen eigenen Gesellschaft hervor – allerdings hinter der Schranke der Geburt, die ihn für immer von der guten Gesellschaft der Freigeborenen trennen wird –, die selbstverständlich nach dem Modell der guten Gesellschaft der Freien entworfen ist.

4. Der Princeps Libertinorum

Man kann den Lebensstil einer Klasse teilen – das ist eine einfache Geldfrage –, ohne dieser Klasse anzugehören und selbst ohne Anspruch darauf erheben zu können. Das ist das Drama: Trimalchion, der in keiner Plutokratie lebt, ist kein Emporkömmling. Bevor wir diese Bezeichnung, die ihm gegenüber sprichwörtlich geworden ist, auf ihn anwenden, sollten wir genauer die unüberbrückbare Kluft ermessen, die ihn von der guten Gesellschaft trennt: sie besteht nicht in den vulgären Verhaltensweisen, sondern in seinem Status als Freigelassener. Seine Geburt kettet ihn für alle Zeiten an die juristische Klasse der *libertini* und verbietet ihm den Zugang zum Reiter- und selbst zum Stadtadel; dieser angebliche Emporkömmling hat es zu nichts gebracht, nicht einmal zum Kurio seiner Stadt. Wie wir oben gesehen haben, verlief die Schranke, die die ehemaligen Sklaven von den Freigeborenen trennte, nicht horizontal, sondern vertikal; welche Höhen Trimalchion auch erreicht, diese Schranke überwindet er nicht. Er bleibt der marginalen Laufbahn verhaftet, die den Freigelassenen vorbehalten war; sein ganzer Lebensabend bis hin zu dem blendenden Luxus, den er ausbreitet und der ihm den uns bekannten Ruf einträgt, hat nur in bezug auf diese Laufbahn Sinn und ist darin eingebettet.

Trimalchion hatte einen Punkt erreicht, an dem ihm ein Ausweg blieb, der in der Logik seiner Situation lag: seine Hoffnungen auf einen Sohn zu übertragen und ihm den Weg in den Stadtadel oder höher zu ebnen. Anhand der epigraphischen Daten hat Gordon[57] sehr gut den Aufstieg der Kinder reicher Freigelassener in den Dekurionen-Stand beschrieben; die gleiche Beschreibung könnte für den Reiterstand versucht werden. Das war die normale »Etappe«: dieses interessante Thema wäre es wert, einen antiken Paul Bourget zu inspirieren; es hat den aristokratischen Autor des *Satiricon* nicht inspiriert: Trimalchion hat keine Nachfahren (74, 15; S. 141). Das ist bedauerlich, denn die Geschichte von Trimalchions Sohn wäre interessant gewesen. Wäre es ihm gelungen, sich in den lokalen Adel einzugliedern? Oder hätte er sich im Gegenteil damit beschieden, Plebejer zu bleiben? Oder hätte sich ihm von Kindheit an die widersprüchliche Situation seines Vaters eingeprägt, so daß er bis zum Ende in Ungewißheit oder in einer Haltung ständiger Flucht gelebt hätte? (Wie sah diese Haltung in dieser Epoche und in diesem Milieu aus?) Im Grunde ist die fehlende Nachkommenschaft nicht von Bedeutung, denn Trimalchions Sohn wäre selbst ein Freigeborener gewesen, und seine Probleme hätten sich von denen seines Vaters unterschieden. Der Reinheit seines Typs fügt Trimalchion eine andere hinzu: er ist das Ende wie auch der Beginn einer Rasse.

Da er der reichste Mann seiner Stadt ist (76, 9; S. 144), übt Trimalchion wenigstens die Ehrenämter aus, die mit seinem Status als ehemaliger Sklave vereinbar sind, und pflegt einen Lebensstil, der dem »ersten unter den Freigelassenen«, dem *princeps libertinorum*, wie es auf einer Inschrift von Pompeji heißt, angemessen ist.[58] Seine Existenz hat sich in die eines Grundherren verwandelt. Nach den Kategorien der Epoche[59] hat er Vermögen (*res*) und Sklaven in hinreichend großer Zahl, um eine *familia* (37, 9; S. 64; 53, 2; S. 93) gründen zu können, und er bewohnt ein Patrizierhaus, eine *domus* (76, 8; S. 144), anstelle eines einfachen Wohnraums (vgl. 38, 10; S. 65). Die Anziehungskraft seiner Macht macht sich auch in seiner menschlichen Umgebung bemerkbar; um ihn kreisen mehrere Satellitentypen: er hat Sklaven (*servi*) und *amici*, d. h. Untergebene, mit denen er in einem Verhältnis der Gegenseitigkeit lebt (es sind leider einfache Freigelassene wie er). Es fehlen die *clientes*. »Ich habe viele Klienten gehabt«, heißt es auf der Grabschrift einer reichen Freigelassenen aus Rom[60]; aber das *Satiricon* schweigt sich darüber aus. Es spricht fast nur von dem Luxus, den er um sich verbreitet, auf dessen Einzelheiten wir jedoch nicht einzugehen brauchen; es ist im übrigen gezeigt worden, daß dieser Luxus sehr genau den Luxus der reichen Leute der Epoche nachahmte, und zwar so weitgehend, daß er sich davon nur durch Nuancen unterschied, die die Zeitgenossen als lächerlich empfanden, die uns jedoch manchmal entgehen. Trimalchion hat schließlich die Vorlieben entwickelt, die seinem Rang angemessen waren; bei den Zirkusspielen ist er für die Blauen und gegen die Grünen, die Partei der kleinen Leute (70, 10; S. 129).[61]

Die öffentlichen Ehrungen bestätigen seinen Erfolg. Wenn er nicht in die Dekurien der Apparitoren aufgenommen wurde, mit denen sich die Magistrate von Rom umgaben, dann liegt das daran, daß er nicht wollte (71, 12; S. 134). Dagegen ernennt der Stadtrat seiner Stadt ihn zum *sevir* (71, 12; S. 134), und ein Rutenbündel (Fasces), das Symbol dieser Auszeichnung (vgl. 65, 3; S. 116), schmückt Trimalchions Tür (30, 1–2; S. 51); damit war er öffentlich als einer der führenden Freigelassenen seiner Stadt anerkannt und in seiner Kategorie mit einem Dekurio vergleichbar. Da er zu einer Lokalgröße geworden ist, ist er moralisch gezwungen, sich als Wohltäter hervorzutun; vielleicht bot er deshalb der ganzen Bevölkerung seiner Stadt (71, 9–10; S. 133), als Dank für seine Erhebung ins Sevirat (*ob honorem seviratus*), ein großes Fest auf seine Kosten, wie es der Brauch war.[62] Wenn die städtische Plebs zur Beschaffung des individuell Notwendigen auf sich selbst angewiesen war, erwartete sie im kollektiven Leben das Überflüssige als Gabe. Darauf richteten sich ihre sozialen Forderungen: sie erwartete von den Reichen die notwendigen Mittel, um ihre traditionelle Lebensweise fortsetzen zu können. Die folkloristischen Volksbelustigungen und die Verschönerung der Stadt führten zu einem System patriotischer Gaben (*munera, liberalitates*), die die Notabeln der von ihnen regierten Stadt überreichten; der Plebs Freude zu machen, wurde als ein Recht[63] und eine Pflicht der Aristokraten betrachtet. Durch seine *liberalitas* zeigt Trimalchion, daß er zu denen gehört, die geben, und nicht zu denen, die nehmen. So verstand er seine Beziehungen zu seinen Untergebenen, und so sah er sich auch in seinem Verhältnis zu seinen Übergeordneten – ein Band des *hospitium* verknüpfte ihn mit einer großen Persönlichkeit (77, 5; S. 145);

diese besonders ehrenwerte Form der Klientel stellte eine wechselseitige Beziehung zwischen einem Gönner und seinem Schützling her und machte aus dem Patron einen Gastgeber, der das Haus seines »Freundes« nicht verachtete.

Aber trotz dieser guten Beziehung hat Trimalchion sein Milieu nicht verlassen. Gewöhnlich ist er von reichen Freigelassenen der Stadt umgeben; sie sind Geladene bei dem Gastmahl, das als Rahmen für das Kapitel des *Satiricon* dient, dessen Held er ist. Trimalchion lebt eingeengt in ihrer kleinen Welt, in der er seinen Platz hat und durch die er sich selbst begreift. Sie sind natürlich nicht so reich wie er, aber er teilt mit ihnen dieselben Werte; er sonnt sich in ihren Blicken, und sie sonnen sich in ihrem *princeps* wie in einem Spiegel, der ihr Bild vollendet und, dadurch gerechtfertigt, zurückwirft. Trimalchion unterhält sie mit dem märchenhaften Bericht über seine Unternehmungen und mit seiner Erfolgsgeschichte; er ist der Blickfang des Gastmahls. In ihren Augen verkörpert er ihren teuersten Mythos: der Mythos vom Erfolg der Freigelassenen. Wenn nötig, verteidigen sie Trimalchion gegen Spötter mit einer Strenge, die ihr Minderwertigkeitsgefühl in der Welt verrät (57–58; S. 102–103). Sie haben ihre Lage als Freigelassene aufgewertet, um für sich Würde in Anspruch nehmen und behaupten zu können, mit ihrem Schicksal zufrieden zu sein. Grundlage ihrer Selbstrechtfertigung sind persönliches Verdienst und Geld, wobei das eine das andere beweist; die Geburt dagegen zählt überhaupt nicht. »Glaubt mir, wieviel einer hat, soviel ist er wert«, erklärt Trimalchion (77, 6; S. 145) und kommentiert: »Früher war ich ja auch nicht mehr als ihr, aber durch meine Tüchtigkeit habe ich es zu dem gebracht, was ich heute bin. Das gute Herz macht den Menschen, alles andre hat nicht viel zu bedeuten. Gut kaufen und gut verkaufen, darauf kommt es an, mag einer sagen, was er will. Ich jedenfalls platze vor Glück.« (75, 8–9; S. 142). Er und seinesgleichen können »den Kopf hoch tragen«, sie »schulden keinem auch nur einen Heller« (57, 5; S. 101). Einer der Freigelassenen erzählt mit Rache in der Stimme: »Vierzig Jahre habe ich als Sklave gedient, aber niemand wußte, ob ich Sklave war oder ein freier Mann.

[...] Ich habe mir immer Mühe gegeben, es meinem Herrn recht zu machen. Das war ein vornehmer und geachteter Mann [...]. Auch in seinem Hause gab es welche, die mir ab und zu ein Bein stellen wollten, trotzdem bin ich – seinem Genius sei gedankt – immer heil durchgekommen. Das sind die wahren Proben, denn frei geboren werden ist keine Leistung [...].« (57, 9–11; S. 102).

Die Originalität des Petronius springt hier ins Auge: die Dialektik von Minderwertigkeitsgefühl und Selbstbehauptung, das Interesse an der Psychologie sozialer Situationen, die Begabung, weit tiefer in deren innere Logik einzudringen als die Satire, die an der Oberfläche bleibt – das ist etwas Einmaliges in der antiken Literatur.

Die Angst vor der Mißachtung ist nur die Projektion der Selbstverachtung auf andere, und die Selbstverachtung ist ihrerseits die Verinnerlichung des Urteils der anderen, das man sich zueigen macht. Das Unglück der Freigelassenen kam daher, daß sie die sozialen Prinzipien der Freigeborenen teilten; wie man über sie urteilte, so urteilten sie über sich selbst. Ihr Minderwertigkeitsgefühl setzte die Annahme der bestehenden Ordnung voraus und war weit davon entfernt, ein Rachegefühl oder einen Klassenkampf nach sich zu ziehen; sie waren Gedemütigte, keine Aufsässigen. Sie fühlten sich nicht einmal frustriert, denn Frustration besteht nicht im Entzug von irgend etwas, sondern im Entzug von etwas, auf das man ein Recht zu haben glaubt. Sie bestritten nicht den ihnen zugewiesenen Platz, vielmehr versuchten sie, sich an ihrem Platz zuhause zu fühlen. Sie verfügten auch nicht über das, was Francis Jeanson die erschreckende moralische Gesundheit der Ehrgeizigen nennt; vielmehr drängte sich die Gesellschaft auf allen Ebenen jedem einzelnen mit der Selbstverständlichkeit einer Naturkraft auf. Niemand zog die bestehenden Klassenschranken in Zweifel. Jedem fiel seine Rolle zu; der Sklave, der Freigelassene, der Plebejer erkannten sich in dem wieder, was der Herr, der Freigeborene oder der Adlige taten: dieser tat, was jene selbst getan hätten, wenn das Schicksal sie an seine Stelle gesetzt hätte. Seine Existenz war so natürlich, wie ihre eigene und sozusagen austauschbar; sie billigten, daß er seine Rolle einhielt, wie sie ihre Rolle einhielten, und hätten ihn mißachtet, wenn er sie schlecht gespielt hätte. Wenn Trimalchion seinerseits Herr geworden ist, empfindet auch er keine Verlegenheit gegenüber seinen Sklaven und bringt ihnen gegenüber edle Gefühle zum Ausdruck, ohne sich kompromittiert zu fühlen (71, 1; S. 130).

Aufstand oder Klassenkampf waren undenkbar. Die soziale Natur hatte eine Reihe mehr oder weniger beneidenswerter Rollen geschaffen, und wer die einzelnen Rollen ausübte, darüber entschied das individuelle Schicksal; dagegen konnte man nichts ausrichten. Jeder akzeptierte sein Schicksal und bekannte sich freimütig zu dem, was er war, außer daß er sich die Art und Weise zugute hielt, mit der er seine Partie gespielt hatte. »Zugegeben, ich bin ein Freigelassener«, heißt es auf einer bereits zitierten Grabschrift, »aber mein Schatten ist dadurch geadelt worden, daß ich Cotta zum Herrn hatte.« »Ich stamme von freigelassenen Eltern ab; sie waren arm, doch hatten sie die Sitten von Freigeborenen«, heißt es auf einer anderen[64]; nichts zwang zum demütigen Stolz dieses Bekenntnisses. In einem in Auftrag gegebenen Gedicht zum Ruhm seines Gönners Claudius Etruseus, verbirgt Statius nicht, daß dieser Ritter einen kaiserlichen Freigelassenen zum Vorfahren hatte: »Dein großes Vermögen ist an die Stelle Deiner Geburt getreten«, fügt er hinzu.[65] Hätte man Trimalchion gefragt, was er sei, so hätte er ohne Scham »ein Freigelassener« geantwortet. Er selbst schildert sein Leben in allen Einzelheiten. In seiner Vorhalle hat er seinen Lebenslauf in Bildern festhalten lassen; die erste Szene (die von den historischen Basreliefs angeregt ist, die die feierlichen Einzüge der Kaiser oder der Magistrate in die Städte darstellten) zeigt »einen Sklavenmarkt. Trimalchion war darauf zu sehen, noch in seiner Jünglingslockenpracht, wie er, mit dem Merkurstab in der Hand, von Minerva geführt, in Rom einzieht«. »Ein anderes Bild zeigte, wie Trimalchion das Rechnen erlernt und wie er zum Schatzmeister ernannt wird.« (29, 3–4; S. 50). Die Sklaverei war für diesen Provinzler ein Weg gewesen, in die Hauptstadt zu kommen und eine

Karriere zu beginnen. Er hat in seiner Karriere alles unternommen, was ihm möglich war, und er denkt nicht im mindesten daran, seine Herkunft zu leugnen; das würde ihm auch nicht gelingen. Er zieht es vor, wenigstens ein wenig stolz darauf zu sein.

Man kann jetzt die genaue Bedeutung ermessen, die in der Entfaltung des blendenden Luxus und des schlechten Geschmacks liegt, die aus Trimalchion eine literarische Figur gemacht haben. Dahinter verbirgt sich nicht die Verhaltensweise eines Emporkömmlings oder eines bürgerlichen Edelmannes. Ein einziger Umstand genügt, um dies zu erkennen: im Unterschied zu ähnlichen Charakteren, versucht Trimalchion nicht, seine Vergangenheit zu verbergen; er sagt, wer er ist. Um so mehr, könnte man sagen, als sein Erfolg ihm zu Kopf gestiegen ist. Doch selbst, wenn er erfolgreich ist, bleibt er ein Freigelassener; er strebt nicht danach, seiner Klasse zu entrinnen und sich, selbst in Gedanken, der vornehmen Gesellschaft anzugleichen, d.h., der Welt der Freigeborenen: mit seiner luxuriösen Lebensweise zeigt er seine Zugehörigkeit zur guten Gesellschaft der Freigelassenen. Als jemand, der zur Elite der Freigelassenen gehört, breitet er seinen Reichtum ruhig und gelassen und mit vollem Recht aus; insgesamt tut er es aus Konformismus, selbst wenn er dabei den Eifer und die Ungeschicklichkeit eines Neubekehrten entwickkelt. Er will keine ihm verschlossenen Türen einrennen oder Sand in die Augen streuen; er weiß sehr gut, daß das unmöglich ist. Sein Ziel ist auch nicht die Provokation oder die magische Leugnung der Klasse, die ihn verachtet: er würde es sich nicht erlauben. Der Prunk und der adlige Müßiggang, denen er jetzt frönt, sind die normale Folge der Karriere eines Freigelassenen. Denn Trimalchion steht am Ende seiner Laufbahn und kann nicht ausbrechen. Sartre[66] schreibt, »daß jeder Mensch [...] durch das Insgesamt *des* Möglichen definiert [ist], das ihm verschlossen bleibt, d.h. durch eine mehr oder weniger verrammelte Zukunft«. Die reichen Freigelassenen, deren Typus Trimalchion ist, hatten, in Ermangelung einer externen Zukunft, eine imaginäre interne Zukunft erfunden, d.h. eine gute Gesellschaft, die zur Welt der Freigelassenen gehörte.

Ihr Anspruch war legitim. Monsieur Jourdain[67] ist ein Verrückter oder vielmehr eine Phantasiefigur, die ihrer eigenen, bürgerlichen Klasse entrinnen will, um sich dem Adel anzugliedern; doch ihre nicht-adlige Geburt verbietet ihr den Zutritt. Der wirkliche Fall der reichen Freigelassenen liegt anders, denn die Freilassung kennzeichnete keine ökonomische Klasse, sondern eine Laufbahn, die zu der der Freigeborenen parallel verlief. Nun ist Trimalchion sehr reich; es steht ihm ein Lebensstil zu, der der Höhe seines Einkommens entspricht. Auf der gleichen Ebene, aber auf der Stufenleiter der Freigeborenen, stand der Adel mit seinem müßigen und luxuriösen Leben. Trimalchion trachtete danach, in seiner Schicht das Gegenstück zu diesem Leben einzuführen; er gab die Geschäfte auf, lebte als Grundbesitzer und imitierte den Lebensstil der Großen.

Wie die bereits weiter oben zitierte moderne Analyse zeigt[68], hat sich unter den Schwarzen der Vereinigten Staaten, die durch die Rassenschranke von den Weißen getrennt sind, eine Schicht von farbigen Millionären gebildet, die die gute weiße Gesellschaft verbissen auf Distanz hält; sie haben sich also zu einer schwarzen Bourgeoisie zusammengetan, die die Werte und Verhaltensweisen der weißen Bourgeoisie übernimmt und in dieser Nachahmung einen Ausgleich für ihre Minderwertigkeitsgefühle findet. Es handelt sich eher um eine Überkompensation, denn selbstverständlich schießen sie über das Ziel; sie sind überzogene Millionäre, wie Trimalchion ein überzogener Adliger ist und sein Luxus eine Karikatur des wahren Luxus. So spielt sich ihr Leben in einem Reich von Illusionen ab, in einem ununterbrochenen Karneval, der nur schlecht die geheime Angst verbirgt.

Ähnlich lebt Trimalchion in einer Welt der Parodie. Eine Einzelheit illustriert sein gesamtes Schicksal. Unser Freigelassener trägt am kleinen Finger »einen großen vergoldeten Ring« (32, 3; S. 56). Es handelt sich um eine Imitation des Goldrings, den nur die Ritter tragen durften; es ist etwas Eisen untergemischt, um an den Eisenring[69] der Freigelassenen zu erinnern (58, 11; S. 104); Trimalchion vermeidet dadurch den Vorwurf, sich unrechtmäßig ein Ehrenzeichen angeeignet zu haben. Das läßt erahnen, welchen Rang ein Ritter in der Sichtweise, die die einfachen Leute von der sozialen Welt hatten, einnahm. Der Reiterstand lag für sie auf der Grenze, an der ihr vertrautes Universum aufhörte und die leuchtenden Fernen anfingen, in denen das Menschengeschlecht sich in ihren Augen verlor; das war das Reich des Hochadels, hinter dem es nichts mehr gab. Die Ritter bildeten in ihren jeweiligen Städten zugleich die Elite der Aristokratie und einen wahren Hochadel, einen Reichsadel.[70]

»Er ist Römischer Ritter«; der Satz sagte alles (57, 4; S. 101). Natürlich will Trimalchion mit seinem Ersatzring nicht glauben machen, daß er dem Reiterstand angehört. Er gibt nur zu verstehen, daß er in seiner Kategorie einem römischen Ritter gleichkommt; er schwebt so hoch über den vulgären Freigelassenen, die seine Mitbürger sind und die er mit Herablassung behandelt (75, 8; S. 142), wie ein Ritter über den einfachen Freigeborenen seiner Stadt. Diese Gleichstellung ist legitim: als der Kaiser durch eine besondere Gunsterweisung einen seiner Hauptfreigelassenen von dem Makel seiner Geburt reinwusch und ihn in die Welt der Freigeborenen übergehen ließ, nahm er ihn in den Reiterstand auf und verlieh ihm den Goldring.

Als lokaler *princeps libertinorum* stellt Trimalchion, in einem Wort, den Adel der Freigelassenen dar. Folglich hat er einen gewissen Lebensstil angenommen. Ein reicher Bourgeois hätte sich damit begnügt, in Fülle zu leben und den Rest zu sparen; es wäre ihm nicht in den Sinn gekommen, den ruinösen Lebenswandel des Adels zu führen. Denn die Stufenleiter der Lebensweisen erstreckte sich nicht kontinuierlich von einer ökonomischen Klasse zur anderen; an jeder Bruchstelle sammelte sich eine Sparsumme an, die aus unterlassenen Ausgaben bestand.[71] So kamen ansehnliche bürgerliche Vermögen zustande. Allerdings stellten die Freigelassenen eine juristische Klasse dar; in ihrer Karriere überschnitten sich mehrere Bedingungen. Trimalchion paßt also seine Ausgaben unentwegt seinen Einnahmen an, und schließlich lebt er auf großem Fuß.

So sahen die reichen Freigelassenen den Sinn ihrer Situation schließlich außerhalb ihrer selbst in der fortwährenden Nachahmung der Freigeborenen; sie besaßen kein autonomes Bewußtsein. Sie lebten in einer Welt des Widerscheins, an die zu glauben sie sich bemühten, doch die Strenge ihrer Plädoyers *pro domo* oder die Maßlosigkeit ihres Benehmens verriet ihre Beunruhigung und ihr Unbehagen. Trimalchion ließ seine Beute, d. h. die Tätigkeit als Geschäftsmann, zugunsten dieser Schattenwelt entkommen; er ist zu einem müßigen Reichen geworden, seine Existenz hat eine imaginäre Krönung erfahren, aber jede Realität verloren. Zwar bot ihm seine Kaufmannstätigkeit nicht einmal die Möglichkeit einer solchen Krönung. Das wahre Geschäftsgenie, das man in unserem Freigelassenen vermuten muß, blieb also unausgeschöpft; aber Trimalchions Unglück ist es, eine Persönlichkeit zu sein, die in ihrer Gesellschaft keine passende Rolle findet.

Vor dem Hintergrund der anderen Gegebenheiten dieser Epoche erscheint Trimalchions Geschichte als typisch für die römische Gesellschaft des 1. Jahrhunderts. Gewiß wäre eine solche Geschichte in einer anderen Zivilisation, die eine dynamischere Entwicklung der kapitalistischen Wirtschaft erfahren hätte, unvorstellbar gewesen. Es hätte sich eine bürgerliche Klasse gebildet, die ihren Stolz, nach den für die moderne Zeit bekannten Prozessen, in ihrer eigenen Aktivität, in der Anwendung wirtschaftlicher Tugenden oder in einem angelsächsischen Puritanismus gefunden hätte. Aber nichts dergleichen ist geschehen. Ohne positivistisch zu sein, ist es doch ein positives Argument: die Lebenslogik eines Trimalchion wäre unverständlich, wenn die römische Welt des 1. Jahrhunderts das starke kapitalistische Gepräge und den Aufstieg eines Bürgertums gekannt hätte, die Rostovtzeff ihr im Namen einer zyklischen Geschichtsauffassung, welche er in seinem großen Werk in Anspruch nimmt, zuschreibt. Der Leser des *Satiricon* ist verwirrt, wenn er die *Wirtschaft und Gesellschaft im römischen Kaiserreich* durchliest: es herrscht nicht das gleiche Klima, Rostovtzeff beschreibt eine Gesellschaft mit übertrieben modernisiertem Anstrich, die nur von weitem der Welt ähnelt, von der das *Satiricon* uns den prägnanten Eindruck einer spezifischen und klaren Wirklichkeit vermittelt. Wie könnte eine Gesellschaft die ihr zugeschriebenen kapitalistischen Strukturen ohne die entsprechende Mentalität gehabt haben? Das erklärt das Unbehagen, das die Lektüre von Rostovtzeff hervorruft: die von ihm beschriebene Welt scheint so irreal, wie die Körper der Götter, die im wedischen Glauben keine Schatten werfen.

Anmerkungen

1 Die Zahlen in Klammern verweisen auf die Abschnitte und Zeilen des lateinischen Textes des *Satiricon*. Siehe zum Beispiel Petronius, *Satyrica, Schelmengeschichten*. Lateinisch-deutsch von Konrad Müller und Wilhelm Ehlers, München 1965. Die Seitenangaben in den Klammern verweisen auf die Übersetzung von Fritz Tech: Petronius, *Satiricon*, Berlin 1984 (4. Auflage)

2 Petronius ist mit T. Petronius Niger identifiziert worden, Konsul-Suffet um 62, der seit 1946 dank einer Tafel von Herkulanum bekannt ist. Pugliese Carratelli, *Parola del Passato*, 3, 1946, 381); R. Syme, *Tacitus*, Oxford 1958, Bd. I, S. 387, Nr. 6 und Bd. II, S. 538, Nr. 6)

3 E. F. Frazier, *The Negro in the United States*, New York, 1949, Kap. I

4 Der Sklavenhandel ist am Ende des 4. Jahrhunderts noch in einem Text belegt, der W. L. Westermann (*The Slave System of Greek and Roman Antiquity*, Philadelphia 1955) entgangen zu sein scheint: Symmachus, Epistulae, 2, 68, »servorum per limitem facilis inventio et pretium solet esse tolerabile.«

5 Unter Augustus werden Sklavenhändler in Asien, in Ephesus, erwähnt: *Année Epigraphique*, 1924, 72, »qui in statario negociantur«

6 Die Phryger verkauften ihre Kinder als Sklaven: Philostratos, *Vita Apoll. (Das Leben des Appolonios von Tyana)*, 8, 7, 12. Über Erwachsene, die sich als Sklaven verkauften, siehe Klemens I., 1, *Klemensbrief*, 55, 2; *Digesten* I, 5, 5, 1; 40, 12, 14 pr.; 40, 12, 23; 40, 13, 1; 40, 13, 3; 40, 14, 2

7 Das doppelte *cognomen* des Trimalchion haben wir in einem Artikel in *Mélanges Albert Grenier, Hommages à Albert Grenier* (Latomus Revue d'Etudes Latines 1962) erörtert; dieses doppelte *cognomen* ist ein weiterer Hinweis, der es verbietet, das *Satiricon* in einer anderen Epoche als dem ersten Jahrhundert zu datieren, denn dieser Sprachgebrauch verschwand in der Folgezeit

8 Vgl. zum Beispiel Martialis, *Epigrammata*, 9, 74: »Praenestina tenes

decepti regna patroni«, über den kaiserlichen Hof siehe Dio Cassius, *Römische Geschichte*, LII, 37

9 Es sei hier nur auf den Gemeinplatz aufmerksam gemacht, daß die *dispensatores* und Intendanten die Liebhaber ihrer Herrinnen sein sollten, also die Umkehrung des uns verständlicheren Verhältnisses zwischen dem Chef und seiner Sekretärin: *Satiricon*, 45, 8; 8, S. 78. L. Robert, *Etudes épigraphiques et philologiques*, Paris 1938, S. 86; vgl. Tacitus, *Annales*, 12, 53; Plinius d. Ä., *Naturalis Historia*, XXXIV, 11 (vgl. H. Dessau, *Insprictiones Latinae Selectae*, Leipzig 1895, 1924)

10 Über die Antike, siehe H. I. Marrou, *Historie de l'éducation dans l'Antiquité*, Paris 1948, S. 55; über das Mittelalter, E. R. Curtius, *Europäische Literatur und lateinisches Mittelalter*, Bern 1948 (2. Auflage 1954) S. 121 ff

11 *Delicatus* ist hier ein Ausdruck der Vulgärsprache für *dilectus*; vgl. *Corpus Inscriptionum Latinarum* (= C. I. L.) IX, 1880; *domino dilectus*

12 Zum Beispiel C. I. L., V; 2417; VI, 37699; IX, 1713, 1880, 3122, 4811; X, 4041; XIV, 472; *Année Epigraphique*, 1929, 106; 1935, 105

13 Über den Ausdruck *artes ingenuae*; C. I. L. XI, 4866, »artibus ingenius cura perdocta suorum [...], nondum bis septem plenis praerepta sub annis hic Crocale casta condita sede jacet«; ibid., XI., 7856, »artibus ingenius, studio formatus honesto, inter et aequales gratus amore fuit.« Vergleiche, über die *pueri delicati*, C. I. L., IX, 3122 (schreiben und lesen); X, 4041 (singen); IX, 1880 (reiten)

14 Denn Trimalchion wird mit dem Kaiser ihr Alleinerbe sein (76, 1–2; S. 143)

15 C. I. L., XIV, 2298 = G. Buecheler, *Carmina Latina Epigraphica*, Berlin 1892, 990 = H. Dessau, *Inscriptiones Latinae Selectae*, Leipzig 1895, 1949

16 Dessau, 8274–8282, vgl. 7509

17 Valens, *Digesten*, XXXII, 94

18 Dionysios von Halikarnassos, *Antiquitates Romanae*, IV, 24

19 Scaevola, *Digesten*, XXXIII, I, 13, 1

20 Scaevola, *Digesten*, XXXI, 88, 3; G. Calza, Epigraphica, I, 1939, S. 160. *Fundus cum taberna*, *Digesten*, XXXII, 35, 2 und 38, 5

21 Valens, *Digesten*, XXXII, 12

22 Plinius d. J., *Epistulae*, VIII, 16. Ulpianus, *Digesten*, XXI, I, 17, 15; *liberti apud patronum habitantis ...*

23 S. Mazzarino, *Aspetti sociali del quatro secolo*, Rom 1951, S. 40

24 Papinianus, *Digesten*, XIV, 3, 19, 1: »Si dominus, qui servum instito-

rem apud mensam pecuniis accipiendis habuit, post libertatem quoque datam idem per libertum negotium exercuit [...]«

25 Scaevola, *Digesten*, XXXIII, I, 13. 1. Nach griechischem Recht war die Freilassung oft an die Bedingung geknüpft, daß der Freigelassene seinen Patron nicht verließ; so auf Kalinmos, vgl. Dittenberger, W., *Sylloge Inscriptionum Graecarum*, Leipzig 1920, 867–869

26 C. I. L., X, 5853, *puer(is) plebeis sine distinctione libertatis.* Über die Duldung von Sklaven neben Freien bei den öffentlichen Festgelagen in der griechischen Welt, siehe L. Robert, *Etudes anatoliennes*, Paris 1937, S. 388, Fn. 2

27 Ich stimme darin mit G. Ch.-Picard überein: *La Civilisation de l'Afrique romaine*, Paris 1959, S. 152. – Prusias, König von Bithynien, ergab sich den Römern im *pileus* des Freigelassenen und nannte sich Freigelassener der Römer; Appian, *De Bellis Mithridaticis*, 2. – Ein ehemaliger Freigeborener, der zu Maecenas' Sklaven geworden ist, zieht es vor, Sklave zu bleiben: Sueton, *De grammaticis et rhetoribus*, 21

28 E. Volterra, »Manomissione e cittadinanza«, in: *Studi in Onore di U. Paoli*, Florenz 1955, S. 695

29 Tacitus, *Annales*, XIII, 26–27. Vgl. die Klauseln, nach denen dieser oder jener undankbare Freigelassene vom Familiengrab ausgeschlossen wurde, z. B. C. I. L., XIV, 1437 (vgl. 382); H. Thylander, *Inscriptions du Port d'Ostie*, I–II (1951–52), A 222; *Année Epigraphique*, 1925, 87; unveröffentlichte Inschrift, zitiert von R. Meiggs, *Roman Ostia*, Oxford 1960, S. 223; eine von ihrem Ehemann freigelassene Gattin, die undankbar und ehebrecherisch ist, C. I. L., VI, 20, 905

30 Fronto, *Epistulae*, Hrsg. Van Den Hout, 1954, S. 127

31 Über die zwangsweise Anmusterung der »Vagabunden« (*vagantes*) in die Armee, siehe O. Seeck, *Geschichte des Untergangs der antiken Welt*, Stuttgart, 1920–23, II, 2, 8, 498

32 H. Pirenne, *Sozial- und Wirtschaftsgeschichte Europas im Mittelalter*. Bern, 1982, Teil II, Kap. II.

33 Gummerus, Artikel »Industrie und Handel« in: *Paulys Real-Encyclopädie der classischen Altertumswissenschaften*, Bd. IX, 1501; A. M. Duff, *Freedman in the Early Roman Empire*, Oxford 1928, S. 114

34 A. D. Nock, »Seviri and Augustales«, in *Mélanges Joseph Bidez*, Brüssel 1934, Bd. II, S. 636

35 Freigelassenen von niedrigerem Rang, die in Rom ein Haus für 100 000 Sesterzen bauen ließen, oder die sechs Jahre lang in Ostia Seehandel mit einem Schiff betrieben, das 10 000 *modii* Weizen trans-

portierte, oder die eine Bäckerei leiteten, die 100 *modii* Weizen am Tag verbrauchte, wurde das Bürgerrecht gewährt.

36 Plinius d. J., *Epistulae*, III, 19

37 Über das Erbe an den Kaiser, siehe J. Gaudemet, »Testamenta ingrata et pietas Augusti, contribution à l'étude du sentiment impérial«, in *Studi in Onore di V. Arangio-Ruiz*, Neapel 1953, Bd. III, S. 115

38 Der census eines Senators belief sich auf eine Million Sesterzen, aber das war das Minimum; im allgemeinen lag das Vermögen (*»patrimonium«*) des Senators weit höher. Im übrigen sollte man in den von Petronius angegebenen Zahlen keine allzu große Kohärenz suchen (vgl. die folgende Fußnote).

39 Trimalchion hat also 30 Millionen in seine erste Spekulation investiert; wenn er stirbt, hinterläßt er noch einmal 30 Millionen (71, 12; S. 134). Das ist inkohärent. Wie jedoch M. André Piganiol mir gegenüber bemerkte, waren 30 Millionen – eine Zahl, die übrigens wahrscheinlich war – eine sprichwörtliche Größenordnung für ein umfangreiches Vermögen; vgl. *Satiricon*, 117, 7; S. 239 (zwanzig Millionen), 117, 8; S. 239 (dreißig Millionen), 45,6; S. 78 (dreißig Millionen); Martialis, a.a.O., 5,37 (zwanzig Millionen), 5, 70 (zehn Millionen); Narcissus besaß 40 Millionen Sesterzen (*Dio Cassius*, a.a.O., 60, 34)

40 Vgl. die Waren, die in einer anderen sprichwörtlichen Aufzählung nach Rom gebracht werden (*Offenbarung*, 18, 13): »sowie Zimt und Balsam, Räucherwerk, Salböl und Weihrauch, Wein und Öl, Feinmehl und Weizen, Rinder und Schafe, Pferde und Wagen, Leibeigene und Menschenleben.«

41 Trimalchion nennt sein Vermögen *peculium*, als sei er noch Sklave. Er erheischt damit keinen literarischen Effekt (der übrigens sehr schal wäre), es ist kein Charakterzug: es scheint, als habe man tatsächlich von *peculium* gesprochen, wenn es um das Vermögen eines Freigelassenen ging, wie man *patrimonium* sagte, um das Vermögen eines Adligen zu bezeichnen; vgl. C. I. L., III, 6898 = Dessau, a.a.O., 7196: ein kaiserlicher Freigelassener vermacht seiner Stadt 200 000 Sesterzen, *pro mediocritate peculioli mei.*

42 Sie sind aus den *Digesten* bekannt in einer Zeit (vor allem im 2. und 3. Jahrhundert), als die römische Wirtschaft bereits im Niedergang war, während das 1. Jahrhundert noch an die rege hellenistische Wirtschaft anschloß, siehe z. B. P. Huvelin, *Etudes d'histoire du droit commercial romain*, Paris 1929, S. 89 ff

43 »Mangel und Teuerung«, *annonae incendia*, war der übliche Ausdruck. Siehe die zahlreichen Hinweise bei A. E. Housman, in seiner

Ausgabe von Manilius, *Astronomicon*, London 1916, und zum Beispiel Quintilianus, *Declamationes*, 12, 4: etiam si residui erat, ut carius quidam venderent, ad annonae incendium suppressum est. Hinzuzufügen ist ein Dekret des Provinzstatthalters auf Antiochia in Pisidien, *Année Epigraphique*, 1925, 126: propter hiemis asperitatem annonam frumenti exarsisse. – Im selben Dekret hat *praeda* den Sinn von »unrechtmäßigem Profit«, wie in der Textstelle von Manilius: cum [...] iniquissimum sit famem civium suorum praedae cuiquam esse [...].

44 Manilius, *Astronomicon*, IV, 165–172:
»Merce peregrina fortunam ferre per urbes
et, gravia annonae speculantem incendia, ventis
credere opes orbisque orbi bona vendere posse
totque per ignotas commercia jungere terras
atque alio sub sole novas exquirere praedas
et rerum pretio subitos componere census.«
Manilius zeichnet hier das astrologische Porträt des Kaufmanns, der unter dem Tierzeichen des Krebses geboren ist; genau unter diesem Zeichen ist Trimalchion geboren (*Satiricon*, 39,8; S. 67); vgl. J. De Vreese, *Petron 39 und die Astrologie*, Amsterdam, 1927, S. 155.

45 Wo sind übrigens die Schiffe, die Trimalchion nach Rom schickte, ausgelaufen? Zweifellos von der Stadt, in der er gegenwärtig noch wohnt, wenn er seinen Bericht gibt, wahrscheinlich Pozzuoli.

46 Über den moralischen, wenn nicht juristischen Begriff des *justum pretium*, siehe P. De Francisci, »Iustum pretium«, in *Studi Paoli*, a.a.O., S. 211

47 Plinius d. J., *Epistulae*, 3, 19, 2: pulchritudo jungendi [...]; non minus utile quam voluptuosum. Vgl. einen Text sprichwörtlicher Art, Tacitus, *Historiae*, 2, 78; quod paras, seu domum extruere, seu prolatare agros, sive ampliare servitia [...]. Siehe auch Quintilianus, *Declamationes* 13, besonders Paragraph 11.

48 Martialis, *Epigrammata* 7, 31 und 3, 47; 3, 58; 8, 61; 10, 48; 10, 79

49 Tatsächlich war die *familia* oft als Kollegium organisiert, und es ist bekannt, daß die Kollegien ein Abbild der städtischen Organisation waren; die Magistrate der Städte und der Kollegien hatten identische Titel, und die einen wie die anderen erließen Verordnungen. So fand man Kollegien der Duumviren (H. Dessau, a.a.O., 7284 et C. I. L., III, 8086) und der Ädilen (Dessau, a.a.O., 6209 und 7375). Die *familia* des Legaten Sextus Lartidius hatte einen *magister*, einen *praefectus*, einen *quaestor itinerum* (C. I. L., VI, 10313, 10372). Doch im allgemeinen (wenn nicht immer!) bekamen diese Sklavenmagistrate

untergeordnete Titel, wie *magister* oder *praefectus*; die Eitelkeit des Trimalchion bestand darin, sic mit höheren Titeln zu bekleiden, wie Ädilen.

50 Rostovtzeff, Wirtschaft und Gesellschaft im römischen Kaiserreich, 2 Bde., Leipzig 1929

51 *De Officiis*, I, 41. Die Ähnlichkeit zwischen dieser Passage von Cicero und dem Verhalten von Trimalchion sah A. M. Duff, *Freedmen in the Early Roman Empire*, a.a.O., S. 125. Cicero wiederholt hier nicht die Doktrin von Panetius, sondern die Meinung der Zeit (haec fere accepimus); H. Bolkestein, *Wohltätigkeit und Armenpflege im vorchristlichen Altertum*, Utrecht 1939, S. 332

52 *The Wealth of Nations* (Pelican Classics) Buch III, Kapitel 4, S. 507.

53 R. Mousnier, »Comment les Français voyaient la France au XVIIe siècle«, in *XVIIe siècle. Bulletin de la société d'étude du XVIIe siècle*, Nr. 25–26 (1955), S. 5; R. Mousnier, *La Vénalité des offices sous Henri IV et Louis XIII*, Rouen, 1948, S. 461

54 Plinius d. J., *Epistulae*, 3, 19

55 So im *Satiricon*, 117, 8; S. 239 (fundis nominibusque); Horaz, *Satiren*, 1, 2, 12 und *Ars Poetica*, 421 (dives agris, dives positis in faenore nummis); Martialis, *Epigrammata*, 3, 31; 4, 37; 5, 13; 6, 5; 8, 37; 9, 104; 10, 14 u. 18. Antonius Pius verlieh gegen Zinsen, *Historia Augusta*, *Vita Pii*, 2. Ein Besitzer war entweder Schuldner oder Gläubiger, Martialis, a.a.O., 1, 86; Tacitus, *Annales*, 14, 53 und 55. Andere literarische Referenzen bei A. Pernice, »Parerga VIII, Über wirtschaftliche Voraussetzungen römischer Rechtssätze«, *Zeitschrift der Savigny-Stiftung*, Roman. Abteilung, 19, 1898, S. 120–129. »Fundi, nomina debitorum«, *Digesten*, XXXIII, 4, 2, 1, etc.; »praedia cum kalendario«, XXXIII, 7, 6, etc. Allgemein definiert E. J. Jonkers, *Economische en sociale toestanden in het romeinsche Rijk blijkende uit het Corpus Juris*, Wageningen, 1933, Grundbesitz und Geldverleih gegen Zins als die beiden normalen Formen der Investition. – Es ist anzumerken, daß Rostovtzeff in seiner Studie zur Wirtschaft und Gesellschaft im römischen Kaiserreich die *Digesten* praktisch nicht zitiert hat.

56 Hier wären Dutzende von Zeugnissen aus den *Digesten* anzuführen; zitieren wir nur *Digesten*, XXXIII, 7, 25, 1: »quidam cum in fundo figlinas haberet, figulorum opera majore parte anni ad opus rusticum utebatur.«

57 M. L. Gordon, »The Freedman's Son in Municipal Life«, *Journal of Roman Studies*, 21, 1931, S. 65. Dazu *Année Epigraphique*, 1929, S. 165 und 1930, S. 3

58 C.I.L., IV, 117, Wahlprogramm: »Cuspium Pansam aed., Fabius Eupor princeps libertinorum«; M. Ginsburg, »Princeps libertinorum«, *Transact. and Proceed. Americ. Philol. Assoc.*, 65, 1934, S. 198

59 Fronto, (hrsg. v. S. A. Naber, 1867), S. 16: *res-domus-familia; servus-cliens-amicus*. Zu den drei ersten Termen siehe Tacitus, *Historiae*, 2, 78: »quod paras, seu domum extruere, seu prolatare agros, sive ampliare servitia [...]«.

60 *Clientes habui multos*, C.I.L., VI, 21 975

61 Zu den sozialen Implikationen der Zirkusspiele im Kaiserreich, siehe R. Goossens, »Note sur les factions du cirque à Rome«, *Byzantion*, 14, 1939, S. 205

62 Zur Bedeutung der Formel *ob honorem* siehe *Karthago*, 9, 1958, S. 93

63 Das erklärt die volkstümlich gewürzte Ironie, mit denen Martialis die kleinen Leute oder Freigelassenen abfertigt, die es sich in den Kopf setzen, Spiele zu veranstalten: *Epigrammata* 3, 59; 3, 16; Juvenalis, *Saturae* 3, 36

64 Grabschrift von Ninnia Q. f. Primilla, sacerdos Cereria (also Mitglied der städtischen Elite): »sum libertinis ergo nata parentibus ambis, pauperibus censu, moribus ingenius [...].« C.I.L., IX, 3358

65 Statius, *Silvae*, 3, 3, 45

66 Sartre, J. P.: *Marxismus und Existentialismus*, Reinbek 1964, S. 78, vgl. S. 79: »Solange man die Zukunftsstruktur einer bestimmten Gesellschaft nicht studiert, läuft man unausbleiblich Gefahr, überhaupt nichts vom Sozialen zu verstehen.«

67 Hauptcharakter in Molières Stück *Der Bürger als Edelmann* (Franz.: Le Bourgeois Gentilhomme, 1670) [Anm. d. Übers.]

68 E. F. Frazier, *Bourgeoisie Noire*, Paris 1955 (»Recherches en Sciences Humaines«, 7), passim

69 Siehe die Büste des Freigelassenen C. Aurunceius Princeps mit seinem Ring an der linken Hand, in: F. Mayence, »Un buste d'affranchi romain«, in *Mélanges Paul Thomas*, Brügge 1930, S. 527

70 In den Texten ist oft die Rede von »Rittern aus dieser oder jener Stadt« (was nicht bei Senatoren vorkam, deren *origo* offiziell Rom war); in einigen Städten waren die ansässigen Ritter in einem corpus zusammengefaßt. Andererseits schreibt Censorinus folgende suggestive Zeilen: »Tu tamen officiis promoveri municipalibus functus, honore sacerdotii in principibus civitatis tuae conspicuus, ordinus equestris dignitate gradum provincialium supergressus [...]«. (*De die natali*, 15)

71 P. M. Pradel, *L'Epargne et L'Investissement*, Paris 1959, S. 60.